现代经济结构发展理论与实践

王继洲　著

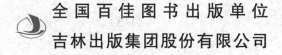

全国百佳图书出版单位

吉林出版集团股份有限公司

图书在版编目(CIP)数据

现代经济结构发展理论与实践/王继洲著.--长春：
吉林出版集团股份有限公司,2024.7.--ISBN 978-7
-5731-5396-8

Ⅰ.F121

中国国家版本馆 CIP 数据核字第 2024253NB6 号

现代经济结构发展理论与实践

XIANDAI JINGJI JIEGOU FAZHAN LILUN YU SHIJIAN

著　　者	王继洲
责任编辑	沈丽娟
技术编辑	王会莲
封面设计	豫燕川
开　　本	787mm×1092mm　1/16
字　　数	204 千字
印　　张	11
版　　次	2024 年 7 月第 1 版
印　　次	2024 年 7 月第 1 次印刷
出　　版	吉林出版集团股份有限公司
发　　行	吉林出版集团外语教育有限公司
地　　址	长春市福祉大路 5788 号龙腾国际大厦 B 座 7 层
电　　话	总编办:0431—81629929
印　　刷	吉林省创美堂印刷有限公司

ISBN 978-7-5731-5396-8　　　　　定价:66.00 元

前　言

中国特色社会主义进入新时代以来，我国经济进入高质量发展阶段，创新引领、结构升级，在各行各业全面展开，展现出了充满活力的发展景象。从当前我国经济发展的阶段性特征出发，正确认识中国经济发展的阶段性特征，适应经济发展新常态。"经济发展新常态"是综合分析世界经济长周期和中国经济发展的阶段性特征及其相互作用而得出的，深刻揭示了新时代中国经济发展的要求，使现阶段中国经济的发展有了明确的理论依据。经济新常态实际上也是经济发展建设过程中的一种平衡状态。从目前中国经济发展阶段来看，我国经济发展的重点任务就是进一步提升经济发展的质量，以及经济发展的平衡性，从而实现高增长，高效率，高质量的经济发展态势。产业经济转型是新常态下经济发展建设的重要内容，在这个过程中，优化产业结构创新宏观调控思路。但从目前来看，我国产业经济转型还面临着一些现实性的问题，需要从新常态下经济结构的特点出发，分析我国目前产业经济转型的制约因素，依据我国经济转型发展的需求，提出针对性和可实施性的促进产业经济转型的措施，从而进一步推动我国产业经济转型，提升我国经济发展水平。

本书是研究现代经济结构发展理论与实践的著作，本书内容包括经济结构发展的基本概念和基本理论、分配结构调整与加快转变经济发展方式、产业结构变迁对经济增长质量的影响、经济结构调整与加快转变经济发展方式、经济结构发展与数字经济测度和模式构建实践研究、经济增长新动能：数据要素与人工智能要素、绿色经济与可持续发展。

在本书的撰写过程中，作者参考了大量理论与研究文献，在此向涉及的专家学者表示衷心的感谢。由于作者水平有限，书中难免出现纰漏，恳请广大读者批评指正。

目　录

第一章　经济结构发展的基本概念和基本理论

第一节　经济结构发展的基本概念

一、经济发展的含义与本质

（一）经济发展的含义

传统经济学意义上的经济增长，狭义上指 GDP（国内生产总值）增长，属于宏观经济范畴，是指某个国家或地区生产产品或服务的持续增长，受投资量、劳动量、生产率水平等因素的影响。经济增长通常用 GNP（国民生产总值）或 GDP 来衡量，它构成了经济发展的物质基础。经济发展所涉及的内容不只是单纯的经济增长，比经济增长更为广泛。经济发展就是在经济增长的基础上，一个国家或者地区按人口平均的实际福利增长过程，不仅是财富和经济体量的增加和扩张，还包括经济质量的改善和提高。例如，经济结构的优化、经济稳定程度的提升、投入产出效益的提高、分配的公平化、充分就业及现代化进程的加快等社会经济状况的多方面改善。经济发展除了总量增长和人均增长外，更强调经济发展质量和效益的提高。所以，经济发展以经济增长为基础，经济增长不仅包含在经济发展之中，而且还是促进经济发展的基本动力和重要组成部分。

（二）经济发展的本质

实际上，人的全面发展可以概括为人的需要、能力、个性和社会关系的全面发展。本书认为经济发展的本质就是人的发展。一方面，经济发展是人的发展的必要基础。人的生存和发展始于经济活动，人要通过经济活动来改造外部世界,物质生活资料的生产是人生存和发展的必要前提。人的全面发展离不开与物质资料生产相关的经济活动,只有社会的生产力发展水平越高,个人的发展空间才越大;只有社会的物质文明越发达,人的生存才越有保障,从而越能促进人的全面发展。另一方面,人的发展是经济发展的最终目标,发展是为了更好地满足人民对美好生活的需要。人的劳动创造了财富,创造财富是为了满足人自身的需要和实现自身的全面发展。要把促进人的全面发展、朝着共同富裕方向稳步前进作为经济发展的出发点和落脚点,就要通过深化改革、创新驱动来提高经济发展质量和效益,要全面调动人的积极性、主动性、创造性,坚持人民主体地位,顺应人民群众对美好生活的向往,最终使经济发展成果更多、更公平地惠及全体人民。

(三)经济结构发展的定义和内涵

1.经济结构发展的定义

(1)经济结构的定义。

经济结构是一个宽广而系统的体系。"结构"一词包含两层最基本的含义,即构成整体的各个组成部分,以及各个组成部分之间的协调关系。"经济"也可从多个维度去阐述,经济结构的内涵也就因此而得到极大丰富。经济结构可从四个范畴来概括:第一,从社会生产关系的角度来看,经济结构指的是不同生产资料所有制成分之间的比例与构成;第二,从国民经济各部门与社会再生产的角度来看,经济结构包括产业结构、分配结构、交换结构、消费结构等;第三,从包含的范围来看,经济结构又可以分为整体结构、区域结构等;第四,从细分领域的研究来看,经济结构可进一步分解为组织结构、产品结构、就业结构等。

马歇尔在《经济学原理》中首先提到"组织"的概念,并将其作为生产的第四大要素,这极大地拓宽了人们对经济结构的理解。对经济结构的研究属于发展经济学的研究范畴。随着各国的经济增长,在不同的阶段遇到不同的问题,人们越发认识到经济中不同要素之间以不同的组织形式形成的组合,对经济增长的影响是截然不同的,所以人们对经济结构的研究越发重视和深化。

（2）经济结构发展。

经济结构发展，指的就是经济社会结构性的转变，经济社会质的方面的改善和国民经济量的增长和扩张。党的十八大以来，我国强调以经济结构战略性调整为主攻方向加快转变经济发展方式。重点做到改善需求结构、优化产业结构、促进区域协调发展、推进城镇化为重点，着力解决重大结构性问题。

2.经济结构发展的内涵

经济结构发展反映的是一个地区以经济生产能力为核心所展现出来的结构性变化过程，是经济行为中各要素之间关系的体现。经济结构的发展不仅是社会生产力水平的综合性表现，而且也会对一个经济体中的各种要素产生重要的作用。一般来说，一个经济体的经济发展水平越高，经济结构也就越合理，对资源利用越高效，对环境保护得也越好。可以说，一个合理的经济产业结构，是确保一个经济体生态绿色发展的基本条件。这种经济体不仅兼顾了经济、社会和环境等多个方面的合理性配置和发展，而且真正实现了全面、高效和可持续发展的目标。

二、经济结构发展方式的内涵与类型

（一）经济结构发展方式的内涵

经济结构发展方式是最终实现经济结构发展或调整的方法、手段和模式，是社会各种进步理念、转型发展思路、生产要素优化组合、体制机制创新等多元化的集合。是指在一定时期内，依据我国民经济社会发展的战略目标和内外环境，在一定的发展理念指导下，推动国民经济发展所采用的方式方法和手段的总称。所以，经济结构发展方式比经济增长方式具有更加广泛和深刻的含义，它包括社会结构（经济、产业、城乡等）、运行质量、经济效益、收入分配、环境保护、现代化进程等方面的内容。经济结构发展方式是随着一个社会的经济发展水平、文明程度的提高而不断变化的，是在一定的经济发展阶段表现出来的实现经济发展的方式和手段，是人类自身综合能力的体现。它要求在经济、社会、生态效益相结合,人与社会、人与自然相协调的原则下,实现经济质量提升、经济效率提高、动力变革、资源永续利用、环境持续改善等,这是对经济质量提升和经济结构优化的目标的实现,更是人民对美好生活的追求和实现,也是对经济社会全面、健康、可持续、高质量发展终极目标的实现。

(二)经济结构发展方式的类型

不同的经济结构发展阶段赋予了经济结构发展方式质的规定性,这种质的规定性是随着社会生产力水平的提升而不断发展的。具体而言,经济结构发展方式按不同经济发展阶段可以划分为以下类型。

第一,从资本主义生产方式被概括为外延式、内涵式扩大再生产的方式来看,经济结构发展方式可以分为外延粗放型和内涵集约型两种。外延粗放型经济结构发展方式是指在生产技术水平较低的情况下,主要依靠增加资源、扩大厂房、增加劳动等生产要素投入来增加产量的发展方式,往往在广大发展中国家的经济发展初期阶段或起飞阶段,为实现经济总量的快速提升而被广泛采用。但这种发展方式背后是靠高投入、高消耗、高污染来支撑的,必定遭遇经济发展瓶颈;内涵集约型经济结构发展方式是指在生产规模不变的基础上,通过采用新技术、新工艺,改进机器设备、加大科技含量等方式来调整经济结构,从而实现增加经济产出的发展方式。这种经济结构发展方式在欧美发达资本主义国家被广泛采用。该经济发展方式主要依靠科技革新、科学管理、知识积累、制度完善等来实现经济结构的变化,从而实现经济增长。因此,从粗放型到集约型的转变是我国当前经济发展的必然要求。

第二,从要素组合视角,经济结构发展方式可以分为劳动密集型、资本密集型和技术密集型三种典型的发展方式。劳动密集型经济结构发展方式是指主要依靠劳动者数量而非劳动者质量,扩大生产规模,从而促进经济增长和经济结构转变的发展方式。其表现为劳动生产率较低,在国家或地区拥有劳动力成本低的比较优势、资源匮乏、科技落后等的情况下成为最佳选择。资本密集型经济结构发展方式是指主要依靠资本投入数量的增长,扩大生产规模,从而促进经济结构良性转变的方式。其表现为资本利用效率较低,在特定的拥有丰富资源资本的国家和地区成为适当选择。技术密集型经济结构发展方式是指主要依靠投入先进的科学技术和管理创新,扩大生产规模,从而推动经济增长的经济结构发展方式。其表现形式为大幅度提高资源利用效率和劳动生产率,而生产成本则大幅度降低等。因此,这种发展方式在科技先进的国家和地区比较适用。

第三,从拉动经济增长的动力视角,经济结构发展方式可以分为投资驱动型、出口导向型和消费驱动型三种。投资驱动型经济结构发展方式是指主要依靠大规模基础设施建设投资(政府投资、私人投资、吸引外资),来拉动经济增长。其表现形式为高储蓄率、高投资率和低消费率并存,因而容易导致经济发展的不平衡和贫富差距扩大。出口导向型经济结构发展方式是指主要依靠大规模对外贸易(尤其是出口),增加净出口对本国经济增长的贡献率,从而拉动经济增长。其表现形式为规模经济效益好,开拓市场的力度大,创造的就业机会多,但对外部经济的依赖性强,会增加我国经济不稳定的风险。消费驱动型经济结构发展方式主要产生于国际分工中具有比较优势的那些国家和地区,其依靠国内消费需求来实现经济的扩张,从而增强消费对经济增长的贡献率。其主要表现为,以满足人民群众的真正需求为出发点,以实现最终消费为目的,但也容易造成发展的滞后性和过度消费的倾向。

第二节　经济结构发展的基本理论

一、经济周期理论

经济周期也称商业周期、商业循环、景气循环等,是指经济活动沿着经济发展的总体趋势所经历的有规律的扩张和收缩,是国民总产出、总收入和总就业等周期性的波动。经济周期划分为四个阶段:繁荣、危机(或衰退)、萧条、复苏。其中繁荣和萧条是经济周期的两个主要阶段,危机和复苏是两个过渡阶段或转折点。西方经济学界公认的经济周期的定义是:经济周期是现代资本主义国家的总体经济活动中发生的一种周期性波动现象。一个周期由几乎同时发生在许多经济活动中的扩张及随之而来的同样普遍的衰退和收缩,以及与下一个周期的扩张阶段相连的复苏所组成。这种变化按顺序反复出现,但是不定期的。经济周期的持续时间在 1 年以上到 10 年。它们不再分为具有接近自己的振幅的类似特征的更短周期。

西方经济学中的经济周期理论主要有以下几种:

(一)朱格拉周期

法国经济学家克里门特·朱格拉(Clement Juglar)于 1862 年出版了《论法国、英国及美国的商业危机以及发生周期》一书中提出了资本主义经济存在 9—10 年的周期波动,一般称为"朱格拉周期"。这属于中等长度的周期,故成为中周期。

(二)基钦周期

英国经济学家约瑟夫·基钦(Joseph Kitchen)于 1923 年提出经济发展中存在一种 40 个月(3—4 年)左右的小周期,而一个大周期则包括 2 个或 3 个小周期,称其为"基钦周期"。

(三)康德拉季耶夫周期

苏联经济学家尼古拉·D. 康德拉季耶夫(Nikolai D. Kondratieff)于 1925 年提出资本主义经济中存在 50—60 年的一个周期。故称其为"康德拉季耶夫周期",也称长周期。

(四)库兹涅茨周期

美国经济学家西蒙·史密斯·库兹涅茨(Simon Smith Kuznets)于 1930 年提出经济增长中存在一个与房屋建筑相关联的、平均长度为 20 年的经济周期,这种周期被称为"库兹涅茨周期"或"建筑业周期"。这也是一种长周期。

(五)熊彼特周期

熊彼特在他 1939 年出版的《经济周期》一书中分析和概括了上述的

前三种经济周期,他认为前三种周期的划分方法虽然不一样,但彼此并不排斥。其中每个长周期包含 6 个中周期,每个中周期又包含 3 个短周期。熊彼特还把技术创新与经济周期联系起来,以三次重大技术创新为标志,划分出 3 个长周期:第一个周期是"产业革命时期",从 18 世纪初到 1842 年;第二个周期是"蒸汽和钢铁时期",从 1843 年到 1897 年;第三个周期是"电气、化学和汽车时期",为 1898 年到 20 世纪 30 年代。

经济周期的成因理论分为内因论和外因论。外因论认为经济周期源于经济之外的因素,包括太阳黑子、战争、政权更迭、新的矿藏和资源的发现、技术创新或科学新发明等。内因论则认为经济周期源于经济体系的内部因素,包括投资、成本、收入等在市场机制作用下的一种必然现象。

二、经济增长理论

(一)传统经济增长理论

经济增长理论是研究解释经济增长规律和影响制约因素的理论。经济增长理论的主题包括两个方面。一是经济持续增长的动力来源到底是什么?该理论主要试图从经验角度计量不同要素对经济增长的贡献度或从理论上解释促进经济增长的动力源泉。二是经济增长是否会产生收敛性的结果?即经济增长在不同国家之间的分布状况。

经济增长理论的发展历史以拉姆齐(Ramsey)1928 年的经典论文为分水岭,他把经济增长理论分为奠基阶段和成熟阶段。1928 年以前的增长理论被称为古典增长理论,1928 年以后的经济增长理论则包括新古典增长理论和内生增长理论。古典增长理论包括亚当·斯密(Adam Smith)《国富论》中的"分工促进经济增长"的理论、托马斯·罗伯特·马尔萨斯(Thomas Robert Malthus)《人口原理》中的人口理论,阿林·杨格(Allyn Abbott Young)《报酬递增与经济进步》一书中提出的"斯密定理"一般被归入新古典经济学范式的增长理论。

(二)现代经济增长理论

学者们认为现代经济增长理论有两个起点。起点之一是哈罗德—多马模型的出现。但从方法上具备了研究动态问题的条件的角度来说，现代经济增长理论的真正起点是 1928 年拉姆齐在《经济学期刊》上发表的题为"储蓄的一个数理理论"的经典论文。现代经济增长理论发展有三个阶段。第一个阶段是由哈罗德（Harrod）、多马（Domar）开创的，致力于将凯恩斯（Keynes）的短期分析动态化。第二个阶段是索洛（Sdow）和斯旺（Swan）建立的新古典增长模型推动了一个持续更久、规模更大的兴趣浪潮。第三个阶段主要是罗默（Romer）和卢卡斯（Lucas）的研究工作而引发了内生增长理论的发展。

现代经济增长理论最核心的特点体现在研究方法上。现代经济增长理论的研究方法可以简单地概括为两个方面，新古典的分析框架——代理人的最优化决策与动态时间序列方法。现代经济增长理论的另一个特点体现在研究结论上。显示出的良好的可比性与扩展性。研究结论中经济增长源泉都可以放到生产函数中加以解释比较，不同的增长理论可以很容易地发现彼此的差异，同时也有利于促进经济增长理论的进一步发展。

三、市场失灵理论

（一）市场无法有效提供公共产品

1. 公共产品理论的内涵

1954 年保罗·A. 萨缪尔森（Paul A. Samuelson）发表的《公共支出的纯理论》对公共产品一些核心的问题进行了探讨，如集体对消费产品如何定义、公共产品所需要的最佳资源配置有怎样的特征等。其中对公共产品的定义为是这样一些产品，每个人对这种产品的消费并不减少任何他人也对它的消费，即在将该产品的效用扩展于他人时，供应者的边际成本为零，且无法把他人排除在受益范围之外。这一描述成为经济学关于纯粹的公共产品的经典定义。

萨缪尔森不仅给出了公共产品的经典定义，而且将公共产品具有与私人产品显著不同的特征区分了出来。分别为：消费上的非竞争性和非排他性。非竞争性,指的是一些人对某一产品的消费或收益不会影响另一些人对这一产品的消费或收益,也就是说,在某种产品的数量已经给定的情况下,增加消费者数量的边际生产成本为零。非排他性,指的是这个产品在消费之后所产生的收益不可能只被消费者本身占有,要将没有消费这个产品的人排除在享受这一产品的收益之外是不可能的。

根据对非排他性和非竞争性的满足条件,公共产品又可以分为纯公共产品和准公共产品。严格地讲纯公共产品是在消费过程中具有非排他性和非竞争性,而具有有限的非排他性或有限的非竞争性的产品是准公共产品。依据排他性和竞争性的状况,准公共产品范围十分广泛,它介于私人物品和纯公共物品之间,相对于纯公共物品而言,它的某些性质发生了变化。类似公共物品的使用和消费局限在一定的地域中,其受益的范围是有限的,如地方公共物品(并不一定具有排他性)一类公共物品是公共的或是可以共用的一个人的使用不能够排斥其他人的使用。

2.市场原则与公共产品的内在矛盾

在市场经济条件下,市场交易活动必须遵循等价交换的原则。所谓的等价交换是指当某个人提供了某一种商品,那么他一定能得到一定的收益。同样,如果某个人得到了某一种商品,那么他一定付出了一定的代价,且得到的收益或者付出的代价可以通过价格的形式体现出来。作为理性经济人,当某人对某一公共产品有需求时,他很可能隐瞒自己的偏好而不承担或者少承担公共产品的成本,因为公共产品的非竞争性和非排他性使得他不管买不买,只要有人购买了这个产品,他就能免费消费这个产品。也就是说某人获得了收益,但是却没有付出成本;或者购买了公共产品的那个人,他购买之后又产生了其他使用者,但是他没有获得额外的收益。这与市场的等价交换原则是相违背的,因此它不能被称为"商品"。既然公共产品不是商品,那么由市场来提供,就一定会出现市场失灵。

(二)市场无法校正外部性

1.外部性理论的内涵

马歇尔在《经济学原理》一书中提出了"外部性经济"从而产生了"外

部性"这一概念。1920年,他的学生阿瑟·塞西尔·庇古(Arthur Cecil Pigou)在其《福利经济学》中提出"边际社会净生产价值"和"边际私人净生产价值"。认为当两者相等时,资源实现最优配置,"国民福利最大";当两者之间存在差异时,就产生"外部性",前者大于后者时产生"正的外部性",如果前者小于后者则产生"负的外部性",此时国民福利受损,只有对资源重新安排才能实现最优配置。之后,奈特(Knight)等人将外部性的研究视野进行了拓展,将其与稀缺资源的产权界定、污染问题联系起来。

1988年鲍默尔(Baumohl)在总结前人"外部性"论述的基础上,将之概括为:如果某个经济主体的福利(效用或利润)中包含的某些真实变量的值是由他人选定的,而这些人不会特别注意到其行为对于其他主体的福利产生的影响,此时就出现了外部性;对于某种商品,如果没有足够的激励形成一个潜在的市场,而这种市场的不存在会导致非帕累托最优的均衡,此时就出现了"外部性"。

从现有文献中可以看出,不同的经济学家对外部性给出的定义不同,归结起来大致有两类:一类是从外部性的产生主体的角度来定义的,另一类是从外部性的接受主体来定义的。前者如萨缪尔森和诺德豪斯(Nordhaus)的定义:"外部性是指那些生产或消费对其他团体强征了不可补偿的成本或给予无须补偿的收益的情形"。后者如兰德尔(Randall)的定义:外部性是用来表示"当一个行动的某些效益或成本不在决策者的考虑范围内的时候所产生的一些低效率现象,也就是某些效益被给予,或某些成本被强加给没有参加这一决策的人"。

2. 市场原则与外部性的内在矛盾

前文中已经提过,市场交易活动必须遵循等价交换的原则,而外部性指的是一个人的行为对他人产生了额外收益或者成本,但是却没有通过价格反映出来,这与市场原则刚好背道而驰。

(三)政府监管对市场失灵的作用

政府监管又称政府规制、政府管制,即政府运用公共权力,通过制定一定的规则,或者通过某些具体的行动对个人和组织的行为进行限制与调控。政府监管指的是政府对市场与社会的监管，它的手段包括经济性监管和社会性监管。

经济性监管，是指通过制定特定产业的进入、定价、融资以及信息发布等方面的管理政策对主体行为进行有效的调整，以达到避免出现因竞争主体过多或过少而引起过度竞争或竞争不足，造成资源浪费或者配置效率低，妨碍社会生产效率和服务供给的公正、稳定的现象的目的。经济性监管主要包括价格管制、进入和退出管制、投资管制、质量管制、信息管制等。价格管制是指政府对特定产业的竞争主体在一定时期内的价格进行规定，并根据经济原理规定调整价格的周期。进入和退出管制是确保特定公共经济领域存在数量适当的主体的重要调控手段，确保公共服务的稳定供应，以避免出现重复建设、浪费资源或者垄断的状况。投资管制是政府通过对经济主体对特定产业进行投资的鼓励或限制，控制产业主体的数量以及资本构成比例。质量管制是政府通过对公共服务规定标准质量，结合价格管制、进入管制等手段，促使特定产业主体改进服务质量，从而增进公共利益。信息管制是政府利用公共权力，采取各种管理政策措施以缓解信息不对称问题，使主体处在平等的地位上，以维护公平。

社会性监管，主要针对外部不经济和内部不经济。前者是市场交易双方在交易时，产生的一种由第三方或社会全体支付的成本，如大气污染。对此，政府必须对交易主体进行准入、设定标准和收费等方面的监管。后者是交易双方在交易过程中，一方控制信息且不向另一方完全公开，由此造成的非合约成本由信息不足方承担，如假冒伪劣药品的制售、隐瞒工作场所的安全卫生隐患等。所以，政府要进行准入、标准及信息披露等方面的监管。

政府监管作为政府干预经济的管理政策的重要部分，是矫正市场失灵的重要途径。在目前公共产品民营化改革的大环境下，需要更好地对微观经济主体进行有效的规范和制约，服务于公共利益和社会福利最大化这一宗旨，填补公共产品理论的空白。

第二章　分配结构调整与加快转变经济发展方式

第一节　收入分配与经济增长理论回顾

一、经济增长对于收入分配作用的有关理论发展

经济增长与收入分配的关系是经济学长期关注的命题。传统经济学一向关注生产要素的收入分配份额,因为要素份额对国民收入增加值的贡献,度量了诸如劳动和资本这样的生产要素的相对收入,以此界定的收入分配模式又被称为功能分配。古典经济学家包括配第、斯密、李嘉图、萨伊、马克思等人,对于收入分配有许多经典性论述。李嘉图把国民收入划分为三类,即作为劳动报酬的工资、资本报酬的利润和土地报酬的地租。其分析集中在国民收入是如何通过三种要素的功能性分配而在社会中的三个主要阶级——工人、资本家和地主之间进行分配的,并预见性地指出,在以现代资本积累为基础的经济增长过程中的不平等将越来越大。马克思进一步分析了国民收入是如何在工资和利润两个变量之间划分的,并预见到后者相对于前者的增加会造成收入集中到资本家手中和劳动者贫困加重的趋势。

随着发展经济学逐步成为一门独立的研究经济发展的学科,收入分配和经济增长又成为发展经济学的一个重要的研究课题。这个时期比较重要的理论贡献有两个:一是卡尔多分配增长模型,二是刘易斯模型和库兹涅茨模型。

20世纪50年代出现的卡尔多模型,明确指出收入分配在经济增长

中扮演着十分关键的作用。这个模型认为,通过调整资本和劳动的不同储蓄率以实现稳定的均衡价值,如资本/劳动的比率上升到高于它的均衡价值,工资与利润的比率也会上升。如果工资以外的储蓄部分低于利润以外的储蓄,则会导致资本积累率下降,资本/劳动的比率也会下降到均衡水平以下,该模型由此认为,经济增长同收入分配紧密联系在一起,而且收入分配是保持经济均衡增长的重要条件。

另外,刘易斯和库兹涅茨也指出了收入分配在经济发展中的重要作用。首先,刘易斯"无限劳动供给"的增长模型认为,经济增长是生产要素从低生产率部门向高生产率部门流动的过程。在这个过程中,由于收入分配的差异导致劳动要素从低收入的农业部门向高收入的城市工业部门流动。其次,库兹涅茨在 1955 年对此研究做出了开创性的贡献,他认为如果在这两个部门之间的不平等远超过每个部门内部的不平等时,那么,不平等会首先上升,然后随着跨部门之间的流动,人们发现他们在各部门要素流动的收益趋于相等时,收入分配不平等会逐步下降。这就是著名的库兹涅茨"倒 U"型曲线。刘易斯模型和库兹涅茨的"倒 U"形曲线理论一个基本的共同点,就是认为经济增长会影响收入分配。

库兹涅茨通过对英国、德国及美国的不平等指数进行长时期观察,而得到一个实证分析和假设。因为在整个 20 世纪 50 年代,只有这些国家的长期增长的系列数据是比较完善的,而且这些国家的不平等实际上也的确经历了一个先上升后下降的历史过程。但是从 20 世纪 80 年代开始,一些发展经济学家通过观察发展中国家的有关资料分析,对这个"倒 U"型曲线提出了公开质疑。展示了与公认的'倒 U'型假说相反的关系。从最新的国别的截面数据看,人均 GDP 和基尼系数存在一定的相关性,但发展中国家而言,似乎适用程度不高。

到目前为止,尽管经济学家对经济增长究竟是否会有效地缓解收入不平等,还存在许多争议。但是,大多数经济学家都倾向于认为,任何一个国家的经济发展都不能忽视不平等和贫困化问题。目前的研究,还不能发现经济增长与不平等之间存在着某种一致和对应的经验关系及相应的理论依据。但是从经济增长和贫困的关系来看,大量关于经济增长和贫困化关系问题的实证分析和研究充分表明,经济增长确实有助于减少贫困。

二、收入分配影响经济增长的作用机制的理论

在分析经济增长对于收入分配的作用时,经济学家就收入分配对于经济增长的作用进行积极的探索。

早在 1936 年,凯恩斯就提出绝对收入假说,指出收入分配可以影响居民总消费。根据凯恩斯提出的"绝对收入假说"认为,凯恩斯线性消费函数: $C=a+\beta Y$,式中,C 为现期消费,a 为自主消费(即必须有的基本生活消费),β 为消费倾向,Y 为即期收入。消费者的消费主要依赖于现期收入。即"绝对收入",在短期中收入与消费是相关的,即消费取决于收入,消费与收入之间的关系也就是消费倾向。同时,随着收入的增加,消费也将增加,但消费的增长低于收入的增长,消费增量在收入增量中所占的比重是递减的,也就是所谓边际消费倾向递减。因此,需要"采取大胆果断的步骤,即以收入再分配和其他办法来刺激消费倾向"。

但之后,莫迪利亚尼的生命周期假说则认为,消费者都是理性的经济人,他们会根据效用最大化的原则来使用一生的收入、安排一生的消费和储蓄,使一生中的总收入等于总消费。这样,消费就不是取决于现期收入,而是取决于一生的收入。

而在实证研究方面,T. 佩尔森(Torsten Persson)及 G. 塔贝里尼(Guido Tabelini)、艾尔波托·艾莱斯那(Alberto Alesina)和丹尼·罗德里克(Dani Rodrik)通过实证分析,都提出了几乎相同的观点:初始的不平等与较低的经济增长之间似乎有着紧密的一致性关系。他们根据许多数据和资料,如通过对初始收入、学校教育及物质资本投资等进行分析时都发现,不平等的变量和经济增长之间呈现极强的负相关关系。1996 年伯拉布(Benabou)又根据其他许多国家的资料验证分析这两者之间的关系,大多数国家的分析都具有上述相同的结论。另外,南希·伯兹奥尔

(Nancy Birdsall)和胡安·路易斯·隆多尼奥(Juan Luis Londono)运用对落后国家来说非常重要的人力资本的资产概念进行分析,也发现了不平等和增长之间呈现负相关关系。

上述观点和分析表明,收入分配不仅是经济增长的最终结果,而且在经济增长的各个方面和环节中都发挥着十分重要的作用。大多数人已经接受了初始不平等和经济增长之间呈反方向关系的观点;如果将财富这些变量考虑进来,资产不平等与经济增长之间的消极或负相关的关系就更为明显。这就说明,无论如何,过度的不平等及收入分配贫困化必然对经济增长产生一定的消极影响和作用。这种观点,已经成为发展经济学的又一个重要的理论模式。

三、21世纪初收入分配与经济增长理论研究的新课题

20世纪80年代后期和90年代早期,东亚、非洲和拉丁美洲国家的情况可以看到,更快的经济增长的同时实现更加平等的分配是可能的。但是,近几年的发展现实可以看到,至少在东亚已经不再显现这样的关系。一些东亚"奇迹国家和地区"从20世纪90年代中期开始出现不平等,主要表现为土地价值的猛涨和熟练劳动力收入的增加。而很多发展中国家的情况也表明:快速的经济自由化导致一些群体收入高于另一群体,如熟练劳动力的工资水平高于非熟练劳动力的工资水平,资本收益获得者的收入高于劳动收益获得者的收入,由于农产品价格自由化带来的农民收入低于工人收入,等等。

同时,随着经济全球化进程的加快,技术进步和作为开放结果的非熟练劳动力的全球供给的增加,尽管贫穷继续降低,不平等却开始在一些国家加深。例如在美国,伴随着经济发展,熟练劳动力和非熟练劳动力之间的工资差别变大。

总体来看,一方面,受益于技术的进步、国家之间更加的开放,从而全球化生产、销售和服务更为便捷;另一方面,信用货币时代,全球汹涌的流动性也席卷着世界各地的资本市场和资产,特别是为新兴市场带来了更

难预测的资产泡沫。这些都给经济增长、收入分配以及两者关系带来了更为复杂的影响。

第二节　优化收入分配结构

实现全体人民共同富裕是党的二十大报告重要关注点,报告在总结过去十年成就时,强调"共同富裕取得新成效";在阐述中国式现代化的五个特征时,"全体人民共同富裕的现代化"是其中之一;在部署今后任务时,包括"扎实推进共同富裕"。纵观党的二十大报告可知,实现共同富裕既是全面建成社会主义现代化强国、实现中华民族伟大复兴的重要内容,也是中国共产党人不忘初心、牢记使命的现实需要。

党的十八大以来,国家高度重视促进共同富裕问题,就共同富裕发表一系列重要论述,作出一系列重大部署,深刻回答了为什么要实现共同富裕、实现什么样的共同富裕以及怎样实现共同富裕的重要问题,为亿万人民实现共同富裕提供了思想指引和行动指南。收入分配制度作为社会主义基本经济制度,是在高质量发展中实现共同富裕的重要手段。因此,在共同富裕目标下,应合理调节过高收入,鼓励高收入人群和企业更多地回报社会,同时提高低收入人群收入水平,促使低收入人群向中等收入群体迈进,形成中间大、两头小的橄榄型分配结构。优化收入分配结构,调节收入分配要做到:初次分配、再分配和第三次分配相互协同、兼顾效率与公平,在高质量发展中推进共同富裕的基础性制度建设稳步推进,最终实现全体人民共同富裕的现代化。

一、生产力发展是共同富裕的基础

中国式现代化是全体人民共同富裕的现代化,而资本主义国家的现代化不可能实现共同富裕,原因在于资本主义私有制和剥削制度的存在使资本家趋利的本性不可能与劳动者共享劳动成果和社会财富,任何分配制度上的改良都无法消除这一必然趋势①。马克思恩格斯的科学社会主义在解放全人类的高度上描述了生产资料社会占有的基本框架,即通过社会化生产和全民劳动,逐步提升社会生产力水平并使物质产品极大丰富,最终实现人的解放和自由而全面的发展。马克思恩格斯共同富裕思想科学回答了共同富裕的基本特征与内涵、实现共同富裕的制度基础等多方面问题,深刻指出高度发展的社会生产力是实现共同富裕的物质基础。

促进共同富裕,必须坚持基本经济制度。可以说,社会主义基本经济制度是实现我国共同富裕最基本的制度保障。首先,我国坚持和完善公有制为主体、多种所有制经济共同发展的所有制制度,这是我国实现共同富裕的独特制度优势。我国鼓励国有经济、民营经济、外资经济等多种所有制形式共同发展,近年来,国有资本、集体资本、非公有资本等交叉持股、相互融合的混合所有制经济成为基本经济制度的重要实现形式。混合所有制改革是国有企业改革的重要突破口,中共中央、国务院对此提出了明确要求,随着国有企业混合所有制改革的深化和逐步推进,民间资本和外资参与国有企业改组改革的热情不断高涨,国有企业在注入民营资本和外资后,活力增强,创新能力不断提升,推动我国全要素生产率不断提高,使我国经济由高速增长阶段迈向高质量发展阶段。其次,我国坚持按劳分配为主体、多种分配方式并存的收入分配制度,这是我国实现共同富裕的重要制度保障。在生产资料公有制基础上实行按劳分配可以有效避免贫富分化,实现共同富裕,因此,必须坚持按劳分配主体地位不动摇。同时,发挥政府调节收入分配作用,利用财政税收等手段稳步提高居民收入在国民收入分配中的比重,不断完善政府、企业、居民等三者的分配关系,坚持在经济增长的同时,实现居民收入的同步增长,让经济发展成果惠及全体人民。经过新中国成立70多年来特别是改革开放40多年来的发展,经过全党全国各族人民的持续奋斗,实现了第一个百年奋斗目标,

---

① 杜宁宁.论和谐劳动关系的制度优势与调适机制[J].湖南科技大学学报:社会科学版,2021(1):158-165.

全面建成小康社会,历史性地解决了绝对贫困,经济总量已位居世界第二,正在向着第二个百年奋斗目标迈进,为我国的共同富裕创造了雄厚的物质基础。

马克思恩格斯认为,创建共同富裕的新社会"是以生产力的巨大增长和高度发展为前提的"。基于马克思主义对共同富裕的解读以及我国追求共同富裕的实践,实现共同富裕必须以生产力高度发展为前提。我们也要认识到,共同富裕是一场等不得也急不得的"耐力赛",需要一个渐进的过程,而发展是解决一切问题的关键。共同富裕不是整齐划一的平均主义,也不是同等富裕、同步富裕,更不是均贫富、劫富济贫,而是先富带动后富,从物质富裕到精神富裕,使人民美好生活的需要不断得到满足,最终达到全体人民的整体富裕。

二、优化收入分配结构是厚植共同富裕的经济根基

"十四五"规划纲要提出,坚持居民收入增长和经济增长基本同步、劳动报酬提高和劳动生产率提高基本同步,持续提高低收入群体收入,扩大中等收入群体,更加积极有为地促进共同富裕。优化收入分配结构,不断健全和完善收入分配条件,持续稳步向共同富裕的目标前进,构建初见分配、再分配,第三次分配协调配套的基础性制度安排,首先,初次分配是指直接与生产要素相联系的分配,初次分配注重效率,主要由市场机制发挥决定性作用,体现按劳分配和按要素分配相结合。再分配,是在初次分配的基础上各收入主体之间通过各种渠道实现现金或实物转移的一种再分配过程,也是政府对要素收入进行再次调节过程,再分配更加注重公平。第三次分配是高收入人群在自愿基础上,以募集、捐赠和资助等慈善公益方式对社会资源和社会财富进行分配,是对初次分配和再分配的有益补充,有利于缩小社会差距,实现更合理的收入分配。初次分配、再分配和第三次分配相互协同,兼顾效率与公平,才能在高质量发展中推动共同富裕的基础性制度建设稳步向前。

(一)初次分配对缩小收入差距起基础作用

在逐步实现共同富裕目标过程中,初次分配的重要性不能忽视。长期以来,由于我国劳动力相对丰富,资本和技术等要素相对稀缺,供需关系的不平衡使劳动者工资收入增长受到影响,工资相对较低,而资本和技术等要素的收益率显著高于劳动力要素的收益率。从我国初次分配总量和结构来看,初次分配长期向政府和企业倾斜,劳动者报酬比例不高且份额有所下降,直接影响居民消费增长,进而削弱经济发展的动力,不利于内需真正有效成为经济社会发展的战略基点,更不利于共同富裕目标的实现。健全按贡献决定报酬的初次分配机制,应坚持在经济增长同时,实现居民收入同步增长,在劳动生产率提高同时,实现劳动报酬同步提高[①]。要提升就业公平性,减少行业之间、企业内部收入差距,减弱或消除由劳务派遣等引起的同工不同酬现象,坚决制止通过不正当手段无偿或低价占有和使用公共资源而"一夜暴富"的现象。要通过教育和培训增加人力资本存量,不断提高劳动力素质和劳动生产率,为劳动者通过劳动、技术获得更高的收入进而扩大中等收入群体比重创造条件,确保初次分配中的劳动报酬比例的稳步提高。

(二)再分配对缩小收入差距起重要作用

再分配作为社会财富形成和转移的基础手段,有促进公平的作用,但在国家发展的不同阶段其功能和作用有所不同。实现共同富裕目标,再分配是关键。

鉴于我国收入差别较大的现实,需要政府做好再分配中的收入调节工作,加大税收、社保、转移支付等调节力度并提高精准性。从促进共同富裕的长期发展视角来看,要健全以所得税、财产税为主体的直接税体系,更好发挥税收调节过高收入的作用。核心是增加财产性征税促进财富差距的收敛,重点推进房地产税落地,结合国际经验,适时研究推进遗产税、资本利得税等税种以拓宽财产税范畴。按照"立法先行、充分授权、

---

① 赵德志,安素霞.金融化方式与企业职工收入份额——基于配置方式的考察[J].经济经纬,2020(6):139-150.

分步推进"的原则,继续优化税收体系,推进消费税、增值税等税项立法,更好地调节收入分配。政府要在再分配中发挥作用,目标是扩大中等收入人群、形成橄榄型收入分配结构,关键在于促进机会平等、畅通向上通道。各级政府应针对"调高、扩中、保低"的不同收入水平人群制定相应的具体措施并使其有效落地,要进一步促进基本公共服务均等化,加大教育投入并保障教育公平,以教育手段阻断贫困代际传递。通过乡村振兴和加大转移支付等手段,解决农村居民在医疗、教育、养老等方面困难,缩小城乡收入差距。

(三)第三次分配对缩小收入差距起补充作用

党的十九届四中全会提出"重视发挥第三次分配作用,发展慈善等社会公益事业"。党的十九届五中全会进一步指出"发挥第三次分配作用,发展慈善事业,改善收入和财富分配格局"。2021年8月,中央财经委员会第十次会议进一步提出构建初次分配、再分配、第三次分配协调配套的基础性制度安排。第三次分配是初次分配和再分配的重要补充,必须营造良好的制度环境以有效发挥其作用,利用全社会力量改善财富分配格局,最终推进共同富裕。第三次分配主要体现在以自愿捐献为基础的慈善公益事业方面,其份额虽然较小,对调节社会财富分配格局只具有补充作用,但能够弘扬社会主义核心价值观,有益于形成扎实推动共同富裕的良好社会氛围,这是其特殊价值所在①。具体而言,通过第三次分配对长期参与公益慈善事业的先进个人和企业给予应有的精神褒奖与社会尊重,在全社会形成人人参与公益的慈善氛围,增强大众的公益慈善意识,拓宽先富带后富、先富帮后富的有效路径。要完善实施第三次分配的税收环境,针对公益慈善组织、企业和个人出台金融、教育、土地、慈善信托等方面税收优惠政策,并使这些税收优惠政策真正落地落实。加强慈善政策与财政转移支付、税收、社会保障等政策的协同,简化慈善捐赠税收减免的审批程序,以动员更多的社会力量参与第三次分配。

---

① 元晋秋.坚持和完善我国基本分配制度要重视发挥第三次分配作用[J].现代经济探讨,2020(9):15—20.

三、以收入分配结构优化推进共同富裕路径

要坚持以按劳分配为主体、多种分配方式并存,构建初次分配、再分配、第三次分配相协调相配套的制度体系,努力提高居民收入在国民收入分配中的比重,提高劳动报酬在初次分配中的比重,完善按要素分配政策制度,规范收入分配秩序,规范财富积累机制,通过合理的制度安排把蛋糕切好分好,防止两极分化。本文认为,需要在以下方面持续健全和完善我国在收入分配方面的制度和实践,以持续稳步推进共同富裕。

(一)提升低收入群体收入水平并使其向上流动

低收入人群主要是指城市和农村的低保户(含支出型贫困家庭)、低保边缘对象(家庭)、特困人员、残疾人等基本生活保障对象。在共同富裕目标下,"提低"是关键,只有尽快通过多种有效举措促使低收入者越来越多地进入中等收入群体,才能实现扩中目标。

提高劳动报酬在初次分配中的比重,健全工资合理增长机制,着力提高低收入群体收入。要完善最低工资制度,统筹兼顾劳动就业推进、劳动关系稳定和劳动者工资稳步提高,形成劳动者、雇主和政府多方共赢的局面。工资性收入是低收入群体的主要收入来源,因此,就业是保障低收入群体收入的前提。要为有劳动能力的低收入群体创造就业机会,保留一定的劳动密集型产业,以增加适度的低技能就业岗位。要统筹经济增长效率与劳动就业关系,优化产业结构和经济结构,明确在政府基础设施投资、公共服务项目中开发一些适合低技能劳动者的稳定就业岗位。要提高低收入群体的人力资本积累,增强其适应劳动力市场变化的能力,健全职业技术教育制度,加大财政投入力度,建立劳动者终身职业技能培训制度,不断提高低收入群体技能水平,促进农民工等非稳定就业者更好地与经济转型升级背景下的高技能劳动者需求相匹配[①]。要通过财税政策对

---

① 尹希文.职业培训对农民工就业稳定性影响的机制分析[J].福建师范大学学报:哲学社会科学版,2021(2):61—69.

低收入群体的就业创业、能力提升给予有力支持①。对企业吸纳低收入群体就业的，给予税费减免、社保补贴；对低收入群体从事个体经营的，给予担保贷款及贴息等支持；对从事灵活就业的低收入群体，给予社保补贴；对参加职业技能培训的，给予职业培训补贴、职业技能鉴定补贴和生活费补贴。

持续加强普惠性、基础性、兜底性民生建设，扎实推进基本公共服务均等化，加大对低收入群体的倾斜力度，努力让全体人民在高质量发展中提高生活品质。要逐步完善社会保障制度，相应提高低收入群体抵御风险的保障水平，帮助他们向中等收入群体迈进；要全面建成覆盖全民、城乡统筹、权责清晰、保障适度、可持续的多层次社会保障体系，统筹推进城乡居民养老、医疗与最低生活保障制度；要改革农村土地制度，让农民获得更多的财产性收入；要实现基本公共服务均等化，让城乡公共服务质量和标准都均等。要加大对低收入人群的转移支付力度，现在的转移支付制度还不能保证低收入人群收入实现同步增长，但可继续实行一些缓解相对贫困的战略，如提高低保救助的覆盖面和救助水平、大幅提高农村养老保障待遇水平、提高农村社会养老服务质量、提高农村居民大病救助力度等。还可以让更多的非城市户籍人口享受到廉租房待遇，让政策覆盖更多低收入人群。

（二）扩大中等收入群体规模以构筑橄榄型社会结构

中等收入群体是指社会中收入保持在中等水平、就业相对稳定、生活相对宽裕的群体，社会发展实践表明，中间阶层在所有现代国家崛起进程中都位居极其重要的地位。对于我国来说，如果没有较大规模的中等收入群体，共同富裕也无从谈起。根据国家统计局提供的数据，2021年我国中等收入群体占我国人口总数的比重为 27.9%，群体规模超过 4 亿人。2002 年我国中等收入群体人数只有 735.8 万人，在不到二十年的时

---

① 齐文浩,李明杰,李景波. 数字乡村赋能与农民收入增长:作用机理与实证检验——基于农民创业活跃度的调节效应研究[J].东南大学学报:哲学社会科学版,2021(2):116－125＋148.

间里,中等收入群体增长了54倍多。现阶段我国中等收入群体总人数庞大,但是以中国14亿多人口为基数计算,我国中等收入群体的比重偏低,与一些发达国家占比60%左右的中等收入群体相比还有非常可观的发展空间。因此,构建初次分配、再分配、第三次分配协调配套的基础性制度,优化收入分配结构,精准施策扩大中等收入群体规模,构建中间大、两头小的橄榄型社会形态是实现共同富裕的重中之重。

党的二十大报告提出,完善按要素分配政策制度,探索多种渠道增加中低收入群众要素收入,多渠道增加城乡居民财产性收入。要把按劳分配与按生产要素分配结合起来,健全知识、技术、管理、数据等生产要素由市场评价贡献、按贡献决定报酬的机制①。随着我国经济转向高质量发展阶段,对知识、技术、管理等资源的需求增加,这些要素的稀缺度提高,市场对其贡献的评价就高,其在收入分配中的比例也会提高,相应地拥有这些生产要素的科研人员、企业家等群体的收入也会增加,从而扩大中等收入群体规模。同时,要完善统一的产权保护制度,产权保护制度的完善是获取财产性收入的重要制度保障,有助于激发劳动者的创新能力,增强居民创新创业的投资信心,拓展财产性收入来源,增加财产性收入,扩大中等收入群体规模。税收越来越成为调节收入分配的基础性工具,要健全有利于扩大中等收入群体的税收政策。健全直接税体系,适当提高直接税比重,完善个人所得税制度,推进扩大综合征收范围,探索以家庭收入为基本核算单元的征税体系。要优化税率结构,保护合法收入,合理调节过高收入,防止财产性收入差距过大多策并举,有效识别帮扶有望进入中等收入群体的目标群体。中国社会科学院人口与劳动经济研究所研究员王智勇认为,我国中等收入群体的潜在人群分布主要是两大块:一是城市中的中低收入人群,他们的主体是新进城的农村劳动力;二是农村中的中低收入人群,他们占了农村人口的大多数。对于这些重点群体,需根据不同群体特点,找准当前影响群体收入提升的关键因素,通过差异化政策

---

① 李松龄.新时代生产要素按贡献参与分配的深化认识与制度安排[J].经济问题,2020(2):1—9.

措施精准推动其有效增加收入。对刚毕业的大学生帮助他们适应社会对人才的需求,做到学以致用,提升工作能力。对技术工人应加强继续教育培训,逐步提高工资水平。对中小企业主和个体工商户要通过持续推进减税降费、促进降低经营成本、引导金融机构加大贷款力度、加大纾困资金支持、优化经营发展环境等,强化资源倾斜和政策支持,构建市场主体公平竞争的市场环境,多措并举助力其具备可持续发展能力,推动其发展成为中等收入群体,为推动共同富裕注入活力。对进城务工人员要在落户、住房、就业等方面进行政策帮扶,使其能享受城市基本社会保障,减轻生活压力,促进机会公平,防止社会阶层固化,使共同富裕取得实质性进展。

(三)规范和调节高收入并鼓励高收入人群参与第三次分配

中央财经委员会第十次会议指出,要加强对高收入的规范和调节,依法保护合法收入,合理调节过高收入,鼓励高收入人群和企业更多回报社会。第三次分配是在初次分配和再分配基础上,在道德、文化、习惯等影响下,以民间捐赠、慈善事业、志愿行动等方式帮助低收入阶层和受灾民众的行为。作为助力解决贫困问题、缩小收入差距、促进共同富裕的重要手段,第三次分配是事关经济社会发展和国家治理的重要制度安排。

强化财税制度的再分配功效,调节高收入群体。要提高税收征管技术与能力,加强对高收入人群的监管。对高收入课税的前提是拥有高收入群体的收入财产状况的完备信息,这依赖于发达的个人收入和财产信息系统,需要运用大数据等信息技术手段加大对高收入人群的收入及个税监管[1]。要通过财税政策抑制投机性收入,坚决打击非法收入,使社会分配更加公正合理。国家已出台一系列政策严控房地产投机行为,并逐步试点并推广房地产税。未来可考虑根据房产数量、价格等方面增强税种的累进性,随着房产数量的增加或者房产价格的上涨,适用更高档房地产税税率。还应遏制资本强势无序扩张导致的收入两极分化,资本在盲

---

① 钱诚.以实现共同富裕为目标加快我国收入分配改革[J].重庆理工大学学报:社会科学,2021(11):11−19.

目逐利过程中并不会考虑社会公平和收入差距问题,垄断和资本无序扩张使得社会财富不断向少数人集聚,加剧了贫富分化,抑制了社会阶层流动,不利于实现共同富裕目标。后续还应继续加大治理手段,通过数据信息保护立法和加强金融监管等多种手段,加大网络平台反垄断。还可以用开征奢侈品消费税等税收手段调节收入分配格局,充实国家财政收入。

以制度安排和政策引导,鼓励高收入群体通过第三次分配回报社会,调动非政府主体从事公益慈善的积极性。党的十九届四中全会首次提出要"重视发挥第三次分配作用,发展慈善等社会公益事业","十四五"规划将慈善事业纳入其范围,进一步明确了第三次分配、慈善事业在我国经济和社会发展中的重要地位。从各国慈善发展过程看,在激励慈善的各项政策中,税收的作用最直接也最重要。当前,我国税收制度中的直接税占比不够高,整体税制设计对慈善激励机制不够明显,加大直接税的比例的改革有利于进一步发挥财税政策对慈善的促进作用。未来,在出台调节财产分配方面的政策时需配套出台大额捐赠、慈善信托等方面的优惠政策,加大财税政策激励力度,疏导引流慈善资源。要鼓励有意愿有能力的企业和社会群体建立非公募慈善基金或慈善信托,以慈善为载体传承财富,增强社会责任。要继续加大对个人及企业捐赠行为的财税优惠支持,居民个人通过一定路径发生的公益捐赠支出可在综合所得和经营所得中扣除。

健全对慈善行为的褒扬评价机制,弘扬社会主义核心价值观和中华传统美德,使第三次分配发挥出促进共同富裕的效用。政府部门要出台相关政策,形成鼓励慈善捐赠的良好氛围,让更多的高收入人群和企业积极投身于第三次分配,在全社会建立慈善和回报社会的风尚和理念。要把激励机制摆到突出位置,推动建立多层级、多领域的慈善褒扬措施,加强对慈善家、捐赠者的激励和褒扬力度,对长期参与公益慈善事业的先进个人给予应有的精神褒奖与社会尊重。引导社会建立有利于慈善可持续发展的评价导向,对慈善项目评价既要注重捐赠规模也要注重项目效果,既看捐赠的额度又要比较捐赠者的收入状况,看其一贯的慈善表现,形成

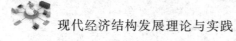

人人向善、人人行善的社会环境。

　　共同富裕是全体人民的富裕,既不是"吃大锅饭",也不是"劫富济贫"。第三次分配之所以重要,是因为它是社会分配机制的有益补充,它以募集、捐赠、资助等慈善公益方式,让先富帮助后富,进一步缩小社会差距,传递向上向善的力量,未来要建立健全回报社会的激励机制,进一步培育民心向善的公益慈善文化,以真正发挥出第三次分配的应有作用。

第三章 产业结构变迁对经济增长质量的影响

第一节 经济增长质量内涵

一、经济发展与经济增长

不同的经济学流派中对经济增长的论述都持有自己的观点。古典经济学家亚当·斯密和大卫李嘉图认为,经济增长意味着国民财富的增长,表现在社会总产品的增加。马克思则提出经济增长是社会物质财富的积累过程,强调经济增长是一个过程而非结果。马克思的扩大再生产理论很好地诠释了社会生产的动态过程。保罗萨缪尔森将经济增长定义为一个国家潜在的国民产量或潜在的实际国民生产总值的扩展,是生产可能性边缘随着时间向外推移。这个概念强调经济增长是生产能力的扩展,即便这种生产能力并没有完全转化为实际产出。西蒙库兹涅茨认为,经济增长是一个国家向其人民提供品种日益增加的经济商品的能力的长期上升,这项能力的增长是基于改进技术以及它所要求制度和意识形态的调整。

早期的经济增长理论中提到,经济增长其实就是经济发展,但是实际上,经济增长与经济发展之间存在着一定的差异性。美国经济学家查尔斯·P·金德尔伯格、布鲁斯·赫里克在他们合著的《Economic Development》一书是这样定义经济发展的,"物质福利的改善,尤其是对那些收入最低的人们来说根除民众的贫困以及与此相关联的文盲、疾病和过早死亡改变投入与产出的构成,包括把生产的基础结构从农业转向工业活动以生产性就业普及劳动适龄人口,而不是只基于少数具有特权的人的方式来组织经济活动以及相应地使有着广大基础的集团更多地参与经济方面和其他方面的决定,进而提升自己的福利。"可见,经济增长只是片面的,而经济发展是包含各种经济因素在内的全面、协调发展,具有非常丰富的内涵。它不仅包括经济收入的增加,劳动者文化素质的提高,经济结构的变革,还包括民主管理等一系列内容。美国经济学家阿瑟刘易斯也认同增长与发展之间存在着区别这一观点。他在《经济增长理论》一书中将经济增长界定为人均产量的增长,却并没有附之更为深入的定义。大多数情况下我们往往只说是"增长"或"产量",但无论使用哪个短语,除经过特殊说明或其含义明显为总产量之外都应理解为"人均"的。可见,"经济增长"这个概念的含义是明确的,它所涉及的是社会经济在规模上及数量上的变化。而与之相对应的"经济发展"所涉及的则是社会经济在结构上和本质上的变化。

经济增长的内涵表现为计划年产量大于报告年产量,计划年产出总量大于计划年资源消耗量,经济增长是产出总量和产出质量的统一。而经济发展的内涵则表现为经济规模的扩大,即马克思所指出的扩大再生产产业结构的优化和升级,即经济系统实力的提升和产出总量的增长。

经济增长与经济发展的关系在于经济增长是经济发展的基础,经济增长是经济发展的必要手段,实现经济进一步发展的条件。因此,经济增长并不等于经济发展,有了经济增长未必就有经济发展。

二、经济增长质量理论内涵的界定

多恩布什、费希尔在他们的著作《宏观经济学》中是这样定义经济增长概念的:"即生产要素积累和资源利用的改进或要素生产率增加的结果"。生产要素积累是指经济增长中投入要素数量的增加,这是经济增长过程中的数量扩张部分。而资源利用的改进和要素生产率增加是指经济增长过程中技术进步作用和要素使用效率的提高,这是经济增长过程中的质量提高部分。另外,马克思在论述扩大再生产的实现途径时也指出,生产的逐年扩大是由于两个原因,第一,由于投入资本的逐年增长;第二,由于资本使用效率的提高。从这个意义上说高质量的经济增长既是数量的扩张过程,也是质量的提高过程,是数量扩张和质量提高的统一。

毛健的研究认为,经济增长质量就是指经济增长的优劣程度。钟学义认为经济增长质量不仅应该从要素生产率考察,还应从经济结构、经济波动等对经济影响的诸多方面进行考察。

(一)从投入产出层面对经济增长质量内涵的界定

从经济投入和产出的结果考察,经济增长质量内涵应该从经济系统的投入产出效率方面去界定。从产出的角度看,经济增长质量反映等量投入带来的产出变化。等量投入带来的产出增加,则经济增长质量提高,反之则相反。如果由于非物质要素投入导致产出效率发生变动,经济增长质量就体现为全要素生产率的变化。如果仅用单要素投入的产出来衡量,经济增长质量就是指劳动生产率或资本生产率的变化。同理,以投入角度去界定,经济增长质量反映单位产出的各种资源消耗的变化。对于劳动力、物质资本和能源等资源的投入,经济增长质量可以界定为单位产出的劳动力消耗变化、资金消耗变化和能耗变化。单位产出的各种资源的消耗越低,则经济增长质量越高,反之,其增长质量越低。由此可见,无论从投入角度还是从产出角度来看,经济增长质量的理论内涵都是统一的。

(二)从微观层面上对经济增长质量内涵的界定

以微观层面来说,经济增长质量表现为最终产品或服务的质量。经济增长的结果体现在向市场提供的产品和服务的增加。现代经济理论都是以"产出就有效益"为前提来分析问题的,由于其通常情况下并不分析产出的质量问题,因此将经济产出看作纯数量的增长,即假定产出质量损失近似为零。但经济增长质量的理论内涵,必须从产出质量予以界定。

从投入产出理论上分析,如果用同样的资源换取了最大的产出数量,并不能说明经济增长是有质量的,还要根据生产出的产品效用来进行进一步判断。产品质量的高低可以在一定程度上反映产品效用的大小。如果最终产品具有最大效用,那便是高质量的产出。只有建立在产品质量提高基础上的经济增长才真正实现了用等量投入生产出数量更多、使用价值更高的产品,而且,以提高产品质量而发生的经济增长,实质上是一种内涵型的集约型增长。

产品质量既包括物质产品质量,又包括服务产品质量。一方面产品符合自身的质量标准要求,另一方面满足用户的需要,实现其市场价值。由于经济系统内的技术及管理水平的标志是产品质量水平,因此,经济增长质量的内涵由产品质量来界定。如果产品质量不合格,将会带来严重的影响,容易造成高产出成本,进而影响经济增长的质量。但如果产品质量合格,却无法实现市场价值而造成浪费,将会大大降低资源配置效率,最终仍会对经济增长的质量造成影响。

产品质量对经济增长质量的影响还体现在与经济系统外部之间的交换。现代国际贸易的实践证明,各国竞争力直接取决于其产出质量,产品的质量及其技术含量已经成为国际竞争力强大与否的关键因素。随着世界经济形式越来越向开放式靠拢,对于那些通过贸易来实现的经济增长来说,产品质量无疑成为衡量经济增长质量的首要指标。

(三)从可持续发展层面上对经济增长质量内涵的界定

如果将投入全部计作成本,则经济增长质量可以界定为成本产出率的变化。这里的成本不应该仅指经济系统内的总消耗,还应包括环境的成本。环境和生存质量的改善,意味着经济增长的总成本下降,经济增长质量自然会高,反之则相反。之所以将环境质量和生存质量作为经济增长质量内涵的一种界定,是受到了均衡和可持续发展理论思想的启发。挪威首相布伦特兰夫人在联合国世界环境与发展委员会的报告《我们共同的未来》中,把可持续发展定义为"既满足当代人的需要,又不对后代人满足其需要的能力构成危害的发展",这一定义被广大人民所接受。我国学者对这一定义作了如下补充:可持续发展是不断提高人群生活质量和环境承载能力的、满足当代人需求又不损害子孙后代满足需求的能力、满足一个地区或一个国家自身需求又不损害别的地区或国家人群满足其需求能力的发展。著名经济学家阿马蒂亚森与沃尔芬森的对话中指出,经济学所关注的不仅仅是创造收入,它也要关注妥善使用这些收入来改善我们的生活和扩大自由空间。现实中一些国家在大力促进经济增长的同时,也付出了资源过度消耗和生态环境恶化的诸如臭氧层破坏、淡水资源枯竭、森林植被破坏、生物多样性锐减、有毒物质扩散等的巨大代价。这种一味追求经济增长而忽略生态环境的做法严重地威胁到了人类的生存环境及质量。

经济增长不是一个孤立的过程,它受到社会及自然的各种因素的制约。其中自然资源和环境状况与经济增长关系最为紧密,经济增长务必不能以牺牲环境为代价。即便是经济系统的内在效率很高,但由于环境和生存质量的下降应该计入经济增长的成本,因此仍然会抵消经济系统内的一部分投入产出效率而使经济增长质量受到影响。如果经济的增长是靠资源的掠夺性开发和生态环境的破坏而取得的,按照单位成本产出率变化衡量的经济增长质量无疑是很低的。反之,环境和生产质量改善,意味着经济增长总成本下降,经济增长质量提高。

三、经济增长质量的要素决定理论

经济增长是由投入要素决定的。决定经济增长的要素一般包括资本、劳动力和技术进步等因素,经济增长是这些要素投入并产生作用的结果。这些投入要素从以下三个方面决定了经济增长:一是投入要素的数量;二是投入要素的质量;三是投入要素间的组合质量和配置效率。经济增长是数量增加和质量提高过程的统一,因此,经济增长质量最终也是由要素决定的。其中投入要素的质量、投入要素间的组合质量和配置效率对经济增长的质量起到决定性作用。

(一)物质资本要素投入的量和质

从经济增长的数量扩张角度分析,物质资本的投入与经济增长数量存在着紧密关系。物质资本的积累来自实物投资,我国的储蓄能力是投资的基础。经济增长的初始启动是建立在一定投资基础上的。物质资本投入的质量取决于外部资本投入效率因素和内含的对经济增长质量的贡献。

物质资本的积累来自投资,但投资并不一定都能够形成物质资本的累积,这里涉及经济系统内的机制增长问题,至于投资最终能形成多少实物资本取决于投资形成的效率。当投资形成的效率较高时,其相对应的实物资本与投资比率也会相对较大,从而对经济增长的贡献越大。从这个意义上说,投资形成效率反映了经济增长中物质资本投入要素的质量。

传统的观点认为,物质资本增加只能带来经济的"外延"增长,即使改善了资本投入效率,也只不过是提高了经济"外延"增长的效率,与经济的内涵增长无关,但事实并非如此。原因在于物质资本的投入经常和技术进步结合在一起,技术进步的投入会使经济产生"内涵型"增长,但技术进步对经济增长的作用并不是孤立的,它需要与经济增长中的其他要素相结合,与实物资本结合的情况最为普遍。一台新的设备,其中凝结着很多先进的技术,而这往往在生产过程中使生产率获得提高。从这个意义上说,投资于物质资本也能够使经济增长质量提高。究竟对增长质量的贡献有多大,决定于所投资的物质资本存量中所凝结的技术进步的大小。选择投资于高新技术产业能够提高资本的装备水平,从而使经济产生"内涵型"的增长。当投资形成效率较高,且物质资本装备水平也较高时,此时物质资本投入要素是高质量的,在这种状态下的经济增长一定是高质量的。

(二)人力资本要素投入的量和质

20 世纪 60 年代,舒尔茨提出了人力资本理论,并用人力资本投资及其投资效率揭示了增长差异性问题,使人力资本价值成为经济增长的主要因素。人力资本是知识、技能、经验和熟练程度的总称,代表人的能力和素质。经济增长除了依靠物质资本投入以外,还依赖于人力资本的提高。人力资本投入收益递增的属性,使人力资本投入成为提高经济增长质量的重要途径。

在经济系统中,人力资本作为一种能动资源,对经济增长的贡献不同于其他要素。首先,人力资本的教育与培训对经济增长作用显著。20世纪90年代许多关于经济增长的研究表明,公民受教育程度是一个国家经济增长的重要保障,这一因素正变得越发重要。和发展中国家相比,发达国家基本普及了高等教育,还逐步实现了广泛的职业培训,这种现象足以表明发达国家的经济增长适合融入更多技术进步因素的"内涵型"增长。其次,研究开发作为一种技术进步因素,同样需要配置较高的人力资源,即人力资本技术装备水平。另外,研究开发无疑是需要较高的知识和受教育水平的,而目前发展中国家人力资本尚不能满足研究开发的需求,因此,发展中国家的经济增长质量与发达国家相比差距明显。最后,尽管人力资本能够促进经济增长,但它还是一种潜在的能动因素。就像上文提到的投资形成实物资本的效率一样,人力资本投资也不一定可以形成对经济增长具有能动作用的活化人力资本,这同样也涉及经济增长的机制问题。一个社会所具有的诚信和文化创新,可能比受教育程度指标更为重要。

因此,在经济增长过程中若要衡量人力资本要素质量,首先在基本层面要看经济系统内人的受教育程度。高质量经济增长对人力资本的基本要求是要有一个较高的受教育程度。其次是看人力资本在经济系统内是否能够发挥潜能。如果一个经济系统内的人力资本不仅有较高受教育程度和知识水平,并且能够与研发、技术创新进行有机地结合,则在这个经济系统内的人力资本要素是高质量的。

(三)技术进步要素与经济增长质量

新古典增长理论认为,只有存在技术进步或人口增长时,经济才有可能实现持续增长。新经济增长理论将技术进步视为经济系统的内生变化,把知识、技术进步作为现代经济增长的决定因素。在经济增长的结果中,技术进步可以表现为产品的更新换代、产品质量升级和品种增加、知识和人力资本的积累等多种形式,可是作为一种投入要素,技术进步在经济增长过程中的作用是与经济系统中的其他要素结合在一起的。而且我们无法确切地直接计算技术进步要素对经济增长贡献的大小,只能通过计算扣除其他可量化投入要素对经济增长贡献的"余值"来衡量技术进步要素对经济增长贡献。

经济学家在分析各国经济增长率的差异时发现,科技革命和技术创新促进了经济增长中综合要素生产率的提高,使得经济增长不仅表现为数量的增加,而且体现在产品质量的不断提高所带动的经济增长上。

技术进步与物质资本结合提高了其技术装备水平,可以使生产的效率提高,进而使经济增长中的综合要素生产率提高。如果技术进步要素由经济系统中的人力资本来承载,经济增长的效果会复杂得多。当经济系统内的人力资本存量很低时,这种技术进步或创新与人力资本结合后产生的正效应很差,还不如投资于一般的技术装备对经济增长质量贡献大当经济系统内的人力资本存量水平较高时,此时与技术进步或创新比较匹配,这将显著提高经济增长中的综合要素生产率。另外,与技术装备水平高的物质资本不同,人力资本对所承载的技术进步信息具有加工利用的功能。随着社会技术进步的进一步发展,原有技术装备水平的物质资本将很快丧失掉价值,如果需要接受新的技术进步信息,只能通过重置投资来跟进社会的技术进步。而人力资本能够以最小的成本接受新的知识和信息,甚至在原有技术装备水平的基础上自我开发,超越社会一般技术进步。这时人力资本对经济增长的贡献远远超过物质资本。因此,与人力资本相匹配的技术进步投入要素对提高经济增长质量是最有潜力并且最有效地。

四、经济增长质量与经济结构相关理论

上一节论述了经济增长质量的要素决定论。除了物质资本质量、人力资本质量和技术进步这些决定经济增长质量的要素以外,各种要素资源的组合和配置也能够影响生产要素的效率,因此会间接影响经济增长的质量。在实际的经济活动过程中,各种要素资源的不同流动组合和配置形成了经济结构,每一种经济结构状态代表着不同的要素组合和配置状态。因此,从这个意义上说,经济的结构变动效应是影响经济增长质量

的主要原因之一。

(一)经济结构的内涵

传统的新古典理论认为,要素市场是均衡的,经济制度有足够的灵活性以维持均衡价格,因此,资源存在长期有效配置。劳动或资本的边际收益在所有的部门都是相同的,并且在任何既定的时点上,部门间要素转移对总产出没有影响,资源的重新配置只有在经济扩张期才会对总产出产生影响。结构主义者在新古典经济增长理论上,加上了结构要素,认为经济是非均衡的,资源不可能长期处于有效配置状态,即各部门之间的要素收益率存在差异,要素从生产率较低的部门向生产率较高的部门流动能够加速经济增长。

经济结构是一个由许多系统构成的层次多因素的复合体。许涤新在《政治经济学词典》中将经济结构赋予两层含义:一是通过生产资料所有制结构表现的一定社会关系的总和;二是指国民经济各个部门、社会再生产各个方面的组成和构造。有人主张将所有制结构从经济结构中分离出来,赋予经济结构以相对狭义的内容。但是很明显这种分离方法割裂了经济结构的整体性思想。经济结构之所以有别于生产力结构和生产关系结构,在于经济结构包括生产关系结构和生产力结构。生产力结构主要包括产业结构、贸易结构、产品结构、地区结构、工业内部结构等;生产关系结构包括所有制结构、产权结构、分配结构、就业结构等等。二者之间相互联系、相互影响。生产力结构发展推进生产关系结构的改革,生产关系结构对生产力结构也有很强的影响作用。经济结构的调整和升级,既包括产业结构在内的生产力结构的优化,还包括所有制结构在内的生产关系结构的调整和完善,二者共同推进经济结构的提高和发展。

经济结构可以反映一国经济是否协调合理,经济增长质量的提高是经济结构合理化的必然结果。但生产力结构的优化和生产关系结构的变革对于提高经济增长质量的机理却各不相同。下面分别论述产业结构和所有制结构对经济增长质量的影响。

(二)经济增长质量与产业结构变动的相关理论

产业结构是指经济系统内各产业之间的相互关系。产业结构是一个体系,它包括构成该体系的各部门构成及相互作用、相互联系。产业结构变动与经济增长质量是分不开的,主要体现在如下方面:

首先,经济增长质量高低在一定程度上取决于产业结构的状态。这是因为经济增长质量体现在各种投入要素及其组合效率的提高。产业结构的状态决定了资本、劳动力,甚至是科技进步等要素在经济系统内的配置状态。如果资源配置合理有效,适合经济系统内的需求,并且产业结构状态与现有的技术进步情况相匹配,则提高了生产效率从而促进了经济增长。反正,如果产业结构扭曲且得不到有效调整,有限的资源就得不到合理的配置,总体上就会降低资源的配置效率,影响经济增长的质量。由此可见,产业结构的变动影响经济增长质量。

其次,经济增长质量的提高依赖于产业结构的转换和升级。经济增长质量的提高与产业结构变动存在显著的正相关系。当产业结构更加合理,优化时,经济增长速度会加快;反之,当产业结构不合理或滞后时,经济增长速度会放缓。例如,产业技术创新能力的提升。一旦技术创新在某一部门出现,通过与其他部门复杂的关联,技术进步因素将对产业结构转换产生猛烈的推动作用,从而提高经济增长。经济增长达到一定程度,人均国民收入发生显著变化,就会使消费需求结构发生重大变化,而消费需求的变化直接影响到供给结构,供给结构变化的前提自然是产业结构转换升级。一般情况下,经济增长处于非平衡增长路径上时增长质量更高。这是因为,先前的产业在经历成熟期以后,会遇到市场饱和和创新潜力不足的约束。而技术进步通过转移经济增长投入要素向更能发挥要素效率的产业集聚,改造原有产业,降低成本,同时创造新的主导产业和新兴产业。这样,经济增长通过高于平均增长率的主导产业和新兴产业的拉动,实现了产业结构的新一轮升级。

最后,技术进步条件下的产业结构变动是经济增长质量提高的原动力。随着经济的增长,社会分工日益细化,产业之间关联度日益增强,社会生产的专业化和一体化使结构效益成为现代经济增长的一个基本支撑点。科学技术进步因素在经济中的投入是产生结构效益的最重要原因。一般情况下,新技术对产业结构变动的影响通过以下两种方式作用:一是由于创新技术的使用和扩散使生产效率获得提高,同样投入创造了更多产出,使得经济总量增加;二是改良技术的使用促进了资源的配置效率的提高。这两种方式的合力作用不仅推动了产业结构的变动,而且大大促进了经济增长质量的提高。

(三)经济增长质量与所有制结构变动的相关理论

经济结构调整需要制度配合,因为制度为经济增长提供了必要的环境。通过制度的变动能够获得原有制度条件下不能得到的有利于经济结构优化升级的经济利益。西方新制度经济学立足于功利主义和个人主义的哲学基础,以市场交易行为为背景,产权交易为核心,更多关注制度的经济绩效。这正是制度的功能所在,通过制度创新促进经济的增长。而这也刚好符合生产关系促进生产力发展的一般规律。在一个国家或地区的经济结构调整过程中,制度起着重要的甚至是核心的作用。一个社会的基本经济制度决定了社会的性质和发展趋势。

所有制结构属于制度层面的生产关系范畴,是社会最基本的经济制度,它决定了其他一切制度。制度创新主要指所有制结构、产权制度、市场制度等各层次制度的演进和变迁。作为调整经济结构基本制度的所有制结构,它对提高经济增长质量的作用是通过制度创新来完成的。所有制结构的创新,是整个制度创新的基础和重点,其他制度的创新都受所有制结构创新的制约。

经济的发展造就了相应的经济结构,而经济结构状态可能又会制约经济的增长。通过所有制结构的不断创新,促进了产权制度创新,产权制度创新促进了产业结构及企业组织的变化,从而决定了市场制度、企业制度等一系列制度的变迁,最终活跃了经济系统内部的增长机制,使要素效率得到了最大程度的发挥,最终使得经济结构朝合理和优化的方向完善。在这个过程中,提升了经济的内在效率,从而经济增长的质量得到了提高。

五、经济增长质量评价方法的述评

经济增长质量评价方法建立在对其内涵理解的基础上,狭义层面上的经济增长质量被视为全要素生产率,对经济增长质量的评价即是对全要素生产率的量化测算。全要素生产率的测算方法可大致分为两类:参数方法和非参数方法。参数方法包括索洛余值法、扩展索洛余值法、随机前沿生产函数法;非参数方法包括指数法、数据包络分析法。

(一)相对指数法

相对指数法的原理是将一系列指标转变为可比的指数形式,然后进行简单加总或加权加总来评价的一种统计学方法。若采用的是简单算术平均值则意味着各个指标是等权重的,此假定一来未考虑各个指标之间可能存在的高度相关性,二来也主观认定各具体指标在经济增长质量中的作用是同等重要且恒定不变的。采用加权算术平均数也会遇到这种权重结构问题。相对指数法的优势在于对样本容量和指标数目没有要求,其缺点是无法反映部分指标之间的高度相关性,无法进行指标约简,且权重的获得凭借的是主观经验。

(二)层次分析法

层次分析法是运用多因素分层处理从而确定每个因素权重的方法。研究者通过构造判断矩阵获得对各指标相对重要程度的认识,进而对权重赋值。因而权重在很大程度上依赖于人们的主观经验,它往往只能排除思维过程中的严重非一致性,但无法排除单个决策者可能存在的严重片面性。此外,这种方法要求的定量数据少,定性成分多,是一种定性与定量结合的评价方法,其判断过程比较粗糙,不适用于精度要求较高的问题,尤其是当指标偏多时,由于判断矩阵规模庞大,导致计算量成倍增加,甚至可能无法通过一致性检验,致使权重无法确定。

(三)熵值法

熵值法是借用信息熵的概念来描述各个指标值的变异程度,从而确定各指标权重。它属于客观赋权方法,这样避免了人为因素带来的偏差,但同时忽略了指标本身的重要程度,可能会导致确定的指标权重与预期结果相去甚远,同时它不能很好地反映相关指标之间的关系,无法进行指标约简。

(四)因子分析法

因子分析法是利用降维的思想,在尽可能保留原始数据信息的前提下,将原始变量分解为公共因子和特殊因子两部分,从而实现对统计数据的简化处理。因子分析法的优点在于能够进行指标约简,避免指标之间的高度相关性,而且属于客观赋权。其不足之处:一是当样本较小时误差较大甚至有可能无法通过统计检验;二是无法准确描述各个维度指标的具体变化情况,只能获得公共因子的变动趋势,而且公共因子的经济含义不明显,经济解释能力较差。

(五)主成分分析法

主成分分析法和因子分析法一样,也是利用降维的思想,在信息损失很少的前提下,将多个相关性指标约简为少数几个综合指标。与因子分析法中的因子不同,主成分分析法中的主成分是各个原始变量的线性组合。主成分分析法的优点在于:一是能够进行指标约简,降低指标维数;二是权重的获得是根据数据自身特征而非研究者的主观判断;三是能获取构成经济增长质量各个维度指标的量化结果,所形成的权重结构可以充分说明经济增长质量各维度各具体指标对于形成总指数的贡献率大小,经济解释能力较强。

主成分分析法与因子分析法,都属于多元线性回归方法,是经济增长质量评价问题中的常用方法。然而在中国经济增长质量评价的具体实践中却受到一些限制,主要归结为以下两点:其一,中国经济增长质量评价指标体系中指标之间普遍存在着多重相关性,这会严重影响多元线性回归模型的参数估计,扩大模型误差,破坏模型的稳健性;其二,多元线性回归方法对样本容量要求较高。为保证良好的统计有效性,一般要求样本量 $n \geqslant 30$,这与中国经济增长质量评价问题中数据的小样本特征不匹配;

再者,若评价指标个数较多,则为了保证统计有效性,不得不筛选掉一些具有较大解释作用的指标,造成信息损失,模型精度与评价效果变差。

第二节　经济增长质量相关理论渊源

一、古典经济增长理论中的经济增长质量相关理论

对经济增长质量问题研究的理论渊源可以追溯到英国古典经济学时期,经济学鼻祖亚当·斯密的标志性著作《国民财富的性质和原因的研究》。其中的核心问题是探究国民财富的增加,即经济增长。斯密在这本书中较为系统地论述了经济增长理论。他认为,经济增长取决于三个主要因素,这三个主要因素分别是劳动分工、资本积累与市场规模扩大。除此之外,他还注意到技术进步和对外贸易等因素对经济增长的重要影响。在技术进步层面,即使在要素投入保持不变的前提下,技术进步可以促使资源合理配置,从而提高要素生产效率,提升产出水平;在对外贸易层面,对外贸易既有利于国际分工,又有利于让剩余产品实现价值,从而不仅可以促进商品扩大生产,也可以增进消费者利益。在经济制度方面,斯密注意到提倡重商主义的经济政策与不良政治制度对英国产业发展起到了阻滞作用,因此将社会经济制度环境纳入为经济增长的影响因素。综上可知,斯密对经济增长动因的分析涉及经济增长质量的主要影响因素,其观点对现代经济增长理论的形成具有重大影响。

18世纪中叶古典经济学集大成者英国经济学家约翰·穆勒从收入分配的角度论述了国民收入不均对经济增长的消极影响。他指出,"总产量达到一定水平后,立法者和慈善家就无须再那么关心绝对产量的增加与否,此时最为重要的事情是,分享总产量的人数相对来说应该有所增加。"如果人民大众从经济增长中得不到丝毫好处的话,则这种增长也就没有什么重要意义。他认为,若经济增长的成果不能被大众分享,就违背了追求"最大多数人的最大幸福"的道德原则,这种增长便毫无意义,同时

也违反伦理原则。因此,只有当经济发展成果由全体国民共享时,才是有意义、有质量的增长。

20 世纪 40 年代,增长经济学家哈罗德和多马根据凯恩斯的就业理论和收入决定论,分别提出极为相似的长期经济增长模型,合称为哈罗德－多马模型。哈罗德－多马模型主要研究了产出增长率、储蓄率与资本产出比之间的相互关系,并引入自然增长率的概念,即人口增长与技术进步条件下的国民收入增长率,指出只有当实际增长率等于有保证的增长率,且等于自然增长率的前提下,才能实现充分就业,保证经济的长期均衡增长,提高经济增长质量水平。但这种经济均衡只是一种"刃锋上的均衡",是不稳定的,经济无法自行纠正实际增长率与有保证的增长率之间的偏离,同时还会累积产生更大的偏离。哈罗德－多马模型另一个致命弱点是没有考虑技术进步、资本折旧、制度变迁等现实影响因素,因而既不稳定,也不现实。单就物质资料的生产与再生产过程来看,其对分析社会主义经济增长过程,如何提高经济增长质量,仍具有重要借鉴作用。

二、新古典经济增长理论中的经济增长质量相关理论

美国经济学家 Solow 是新古典经济增长理论的创建者之一。20 世纪 60—70 年代,以 Solow 为代表的经济学家开创了经济增长要素分析法。Solow 突破了古典经济增长理论中长期占据统治地位的"储蓄转化为投资是经济增长的决定性因素"的观点,首次提出"技术进步对经济增长具有重要贡献"的观点(Solow,1956),把技术进步单独列项,将之作为经济增长中最有意义、贡献最大的一个因素独立出来,并把劳动、投资与技术进步综合起来考察。他在 1957 年发表的论文中构建了相关模型,把技术进步引起的产出增长与人均资本引起的产出增长区分开来。实际上,技术进步引起的人均产出的增加即经济增长的质量提高部分。从某种程度上来说,技术进步对人均产出贡献程度越大,经济增长质量水平也越高。Solow(1957)利用自己的增长模型,对 1909 年—1949 年期间美国私营非农业企业的技术进步状况进行测算。测算结果表明,这期间人均

产出翻了一番,其中仅 12.5% 归因于资本投入量的增加,87.5% 未得到解释的部分被归因于技术进步,这一结论引起人们对技术进步的广泛关注。

新古典经济增长模型中虽然引入了技术进步率,能够使资本积累过程收敛于经济增长,从而促使经济持续增长,避免哈罗德-多马模型的"刃锋上的均衡",但是技术进步仅仅作为经济模型中的一个外生变量,并且该理论未对技术进步的来源做出任何经济解释,既不能解释各国人均收入与经济增长率之间的巨大差异,也无法解释技术进步率变动的任何机制。尽管技术进步是外生变量,且致使技术进步的因素无法确定,但是对技术进步整体测算的研究仍构成了经济增长质量理论的研究主线并对后来的研究给予了很大的启发。

三、新经济增长理论中的经济增长质量相关理论

由于新古典经济增长理论中把经济增长归结为一个无法把握的事物。外生的技术变化,因而无法解释现代经济增长中的具体实践。Arrow(1971)提出一个生产函数中的知识可以跨时与跨国溢出的内生知识变化的理论,这成为内生经济增长理论的思想源泉。在 Arrow 的"干中学"模型中,有两个基本假设:其一,知识是投资的副产品,资本存量的提高会导致其知识存量的相应增加;其二,知识是一种公共产品,所有劳动力和固定资产在生产最终产品时效率都会有所提升,这就是知识的"外溢效应"。这一假设意味着,Arrow 从普通的以劳动与资本为自变量的柯布-道格拉斯生产函数导出规模收益递增的生产函数。随着投资和生产的进行,新知识将产生,并由此形成递增收益。这表明生产规模收益递增,不是由要素投入增加导致的,而是由非要素投入所引起的效率提升。换句话说,投入要素本身质量和要素组合质量的提高引起产出效率提高,这即经济增长的质量部分。日本经济学家 Uzawa(1965)在《世界经济评论》上发表《经济增长总量模型中的最优技术变化》一文。假定经济中存在一个独立的教育部门,专门生产人力资本,并用人力资本水平提高表示

技术进步,从而将索洛模型中的外生技术变量"内生化"。基于此,Uzawa提出了关于人力资本与经济增长质量的相关理论,以人力资本表征技术进步,本质上是劳动力生产要素素质提高的结果。作为劳动力质量提高的结果,人力资本对经济增长的贡献是经济增长质量提高的主要驱动因素之一。在人力资本促进经济增长质量提高的作用机制层面,美国经济学家舒尔茨指出,人力资本产生的"知识效应"与"非知识效应"直接或间接促进经济增长(Schultz,1961)。Romer(1989)、Grossman 和 Helpman(1991)从技术进步内生化角度考虑,认为技术进步是经济长期增长的内生渊源,同时技术知识的增长源自单独的研究开发(R&D)部门。通过对研发的不断投入,以及通过知识与人力资本积累的外溢效应所产生的外在经济影响,经济持续增长即可以实现。这类模型因此称为以研发为基础的内生增长模型(R&D—based grow thmodel)。

至此,经济增长质量的研究主要集中在经济增长中人力资本的内生化研究。美国经济学家 Lucas 在 1988 年的研究中引入专业化人力资本生产的教育部门,提出了一个以人力资本的外在效应为核心的内生增长模式(Lucas,1988)。Lucas 强调,由于人力资本具有外部效应的递增收益使得其成为"增长的发动机"。因此,人力资本投资是长期经济增长的源泉,并认为经济开放度的扩大有利于发展中国家吸收发达国家的新技术与人力资本,从而缩小与发达国家的收入差距。Aghion 和 How itt(1992)拓展了 Romer 与 Lucas 的内生增长理论,并吸纳熊彼特的创造性破坏动态思想,认为竞争性厂商的"垂直产品创新"是经济增长的根本源泉。

新经济增长理论主要研究技术进步的内生化机制,将经济增长质量影响因素由外生给定变为内生不确定。人力资本、产品种类、产品质量等均是技术进步的内生化衡量指标,体现了经济增长过程中的经济效率,这些指标的数值变化实际上就反映经济增长质量水平的变化。

四、发展经济学中的经济增长质量相关理论

一般来说,经济增长理论侧重于研究发达国家经济的长期发展,而发

展经济学则是着力研究发展中国家经济的长期发展。发展经济学的思想渊源为结构主义经济增长理论,其核心观点是充分发挥政府干预职能,来进行经济结构的重大改进,从而实现工业化。而在工业化进程中,资本的稀缺是制约发展中国家经济增长的主要因素,因此,需要进行资本积累来加速发展。

20 世纪 50—60 年代是发展经济学的兴起与快速发展时期,在这段时期内影响较大的发展经济学家及理论主要有:阿瑟·刘易斯的二元经济模型,揭示了发展中国家中普遍存在的二元经济结构。罗森斯坦·罗丹的"大推动理论",提出应对国民经济的各个部门进行大规模投资,以促进所有部门的平衡增长。拉·纳克斯的贫困恶性循环理论,认为发展中国家之所以存在长期贫困现象,并非国内资源缺乏,而是因为供给与需求中资本形成的恶性循环。罗斯托的经济成长阶段理论,指出经济发展分为六个经济成长阶段,即传统社会阶段、为起飞创造前提阶段、起飞阶段、向成熟推进阶段、高额群众消费阶段与追求生活质量阶段。

发展经济学中蕴含很多经济增长质量思想。如:转变发展模式或优化产业结构能够促进经济增长。结构主义者 Kuznets(1966)在对现代经济增长的研究中,得出将资源由农业向工业转移是经济结构转型成功的基本特征。多数经济学家都承认,经济发展就是经济结构的转型,经济结构转型升级能带动经济增长质量的提高。原因在于,劳动与资本从效率低的部门向效率高的部门转移,能够提高经济的投入产出效率,从而使经济增长加速。

五、新制度经济学中的经济增长质量相关理论

经济增长理论的根本落脚点是探寻经济增长的最终源泉。无论是古典经济学的要素投入决定理论、新古典经济学的外生技术进步决定理论,还是新经济增长中的内生技术进步决定理论、抑或发展经济学的产业结构决定理论,都只重视资源配置的运行层面,而没有很好的探究经济增长的深层次源泉,即制度因素。新制度经济学派的代表人物诺斯曾指出,

"主流经济增长理论只论述了增长本身,并没有说明产生经济增长现象的动因,而技术变迁与制度变迁正是社会与经济演进的核心"。

诺斯认为制度变迁是经济长期增长的决定性因素,而制度变迁的核心又在于产权的重新调整。诺斯的制度变迁理论有三大基石,即产权理论、国家理论与意识形态理论。其中,产权理论最为关键。有效率的产权使经济系统存在激励机制,这种机制的激励作用主要表现在以下三个方面:降低或减少费用;人们的预期收益得到保证;从整个社会来说,清晰界定的产权使得个人的投资收益充分接近于社会收益。而在制度安排上,由于国家的作用无法替代,所以国家对产权的界定与保护负主要责任。

诺斯的制度变迁理论阐明经济长期增长的最终源泉是制度变迁。此观点正确与否姑且不讨论,但无法否认的是,制度创新能够降低交易成本,减少交易摩擦,并且保证了人们的预期投资收益,为推动技术创新提供了制度激励机制,从而加速技术进步,提高整个经济的效率水平。尤其是对制度尚未健全的广大发展中国家具有重要的政策启示,制度创新能够源源不断的释放"制度红利",促使经济增长质量水平的提高。

第三节　产业结构理论的形成

一、产业结构理论的思想渊源

产业结构理论的思想渊源可以追溯到 17 世纪。英国资产阶级古典政治经济学创始人配第,早在 17 世纪就第一次发现了世界各国国民收入水平的差异和经济发展的不同阶段,其关键原因是产业结构的不同。

工业比农业的收入多,商业又比工业的收入多,即工业比农业、商业比工业附加价值高。法国古典政治经济学的主要代表、重农学派的创始人魁奈分别于 1758 年和 1766 年发表了重要论著《经济表》和《经济表的分析》。他根据自己创立的"纯产品"学说,提出了关于社会阶级结构的划分:生产阶级,即从事农业和创造"纯产品"的阶级,包括租地农场主和农业工人；土地所有者阶级，即通过地租和赋税从生产阶级那里取得"纯产品"的阶级，包括地主及其仆从、君主、官吏等；不生产阶级，即不创造"纯产品"的阶级，包括工商资本家和工人。他在经济理论上的突出贡献是他在"纯产品"学说的基础上对社会资本再生产和流通所做的分析。可以说，配第和魁奈的发现和研究是产业结构理论的重要思想来源之一。

二、产业结构理论的形成

20世纪三四十年代是现代产业结构理论的形成时期。这时期对产业结构理论的形成作出突出贡献的主要有日本经济学家赤松要、美国经济学家库兹涅茨、里昂惕夫和英国经济学家克拉克等人。

赤松要早在1935年就提出了产业发展的"雁行型态理论"。该理论主张，本国的产业发展要与国际市场紧密地结合起来，使产业结构国际化。他认为，后起的国家可以通过4个阶段来加快本国工业化进程；产业发展的政策就是要根据雁行形态的特点来制定。

库兹涅茨在他著作《国民收入及其构成》一书中，阐述了国民收入与产业结构之间的重要联系。他通过对大量历史经济资料的研究得出重要结论：产业结构和劳动力的部门结构将随着经济增长而不断发生变化；劳动收入在国民经济中所占的比重趋于上升，财产收入的比重则趋于下降；政府消费在国民生产总值中的比重趋于上升，个人消费比重趋于下降。

里昂惕夫是美国著名的计量学家、投入产出分析法的创始人诺贝尔经济学奖获得者。他在产业结构方面的研究具有相当大的影响力。他早在1941年就对美国的经济结构进行了深入和系统的分析。他的《1919—1929年美国经济结构》一书是产业结构理论的经典之作。

克拉克在1940年出版的《经济发展条件》一书，通过对40多个国家和地区不同时期三次产业劳动投入和总产出资料的整理和比较，总结出了劳动力在三次产业中的结构变化与人均国民收入的提高存在着一定的规律性。

这些经济学家和学者对产业结构的研究从最初的实证分析逐步转到

理论研究方面,促进了产业结构理论的形成。

三、产业结构理论的发展

产业结构理论在 20 世纪五六十年代得到了较快的发展。这一时期对产业结构理论研究作出突出贡献的代表人物包括里昂惕夫、库兹涅茨、刘易斯、赫希曼、罗斯托、钱纳里、霍夫曼等人。

里昂惕夫在原来研究的基础上对产业结构进行了更加深入的研究。他于 1953 年和 1966 年分别出版了《美国经济结构研究》和《投入产出经济学》两书,建立了投入产出分析体系,包括投入产出分析法、投入产出模型和投入产出表等。他利用这一分析法分析经济体系的结构与各部门在生产中的关系,研究经济的动态发展以及技术变化对经济的影响,分析对外贸易与国内经济的关系,分析国内各地区间的经济关系以及各种经济政策所产生的影响。现在世界上有 10 多个国家和地区运用这一方法编制了本国的投入产出表。库兹涅茨在经济增长与产业结构的关系方面也有进一步的研究,出版了《现代经济增长》《各国经济增长》等重要论著。

美国发展经济学创始人之一、诺贝尔经济学奖获得者刘易斯于 1954 年在《考曼彻斯特学报》发表了著名论文《劳动无限供给条件下的经济发展》,提出了用以解释发展中国家经济问题的理论模型——二元经济结构模型,即整个经济由弱小的现代资本主义部门与强大的传统农业部门所组成。经济的发展就是要扩大现代资本主义部门,缩小传统的农业部门。发展中国家可以利用劳动力丰富这一有利条件,加速经济的发展。他又于 1958 年出版了《经济增长理论》一书,全面分析了影响经济发展的经济因素和非经济因素,包括资本积累、技术进步、人口增长、社会结构、经济制度、文化历史传统、政治、心理等。他对经济结构特别是产业结构的论述比较多,内容丰富,论述深刻。

美国发展经济学家著名的"不平衡"增长学说创建者赫希曼出版了对经济发展问题最有影响的著作之一《经济发展战略》。他在这部著作中否定了当时流行的观点——发展中国家必须按照一个谨慎控制的平衡增长路线发展,而设计了一个不平衡增长的模型。他的这一理论是用大量的拉丁美洲的发展经验来阐述的。他突破了早期发展经济学家限于直接生产部门和基础设施部门发展次序的狭义论证,而代之以对国民经济计划制定是否应优先、重点发展某些部门的广义探讨。其中,"关联效应"(包括前向关联效应和后向关联效应)理论和"最有效次序"理论,已经成为发展经济学中的重要分析工具。

美国经济学家、经济史学家罗斯托提出了著名的主导产业扩散效应理论和经济成长阶段理论。他认为,产业结构的变化对经济增长具有重大的影响,在经济发展中要重视发挥主导产业的扩散效应。他同时还认为,决定社会经济发展的最终动因包括人的六种主观动机。发展科学动机、把科学应用于经济目的动机、创新动机、寻求物质进步动机、消费动机、生儿育女的动机。他的这些理论有着广泛的影响力,反映他在这方面突出贡献的主要著作有《经济成长的过程》和《经济成长的阶段》等。

美国著名的发展经济学家钱纳里对产业结构问题也进行了深入的研究,对产业结构理论的发展有很大的贡献。他认为,经济发展中资本与劳动的替代弹性是不变的,从而发展了柯布—道格拉斯的生产函数学说。他指出,在经济发展过程中产业结构会发生变化,对外贸易中初级产品出口将会减少,逐步实现进口替代和出口替代。

德国发展经济学家拉尼斯对二元经济发展学说作出了贡献。他与美籍华人学者费景汉(又称约翰·费)一起对刘易斯的二元经济发展学说作了进一步的补充和发展。他们把二元经济结构的演变分为三个阶段:在第一阶段,农业部门存在着隐性失业,劳动的边际生产率为零,劳动力的供给弹性无限大。在此后的两个阶段中,农业部门开始出现生产剩余,可以用来满足非农业部门的消费,从而有利于农业部门的剩余劳动力向工业部门转移;当工业部门能够以农业生产资料装备农业的时候,农业和工业这两个部门就可以得到共同的发展。拉尼斯还认为,农业劳动生产率作为一种技术改进的重要函数,它的提高将会减少农业工人人数和总劳动剩余。他不仅认为在收入分配变化及与之相关的经济增长之间存在着直接的联系,而且认为农业部门与非农业部门之间的相对规模以及储蓄、教育、劳动力市场等有关因素之间也存在直接联系。

德国经济学家霍夫曼对在工业化进程中产业结构的演进进行了开创性的研究。他把结构型变量引入需求方程式,并成功地论证了它在统计学中的实际意义;同时也对进口替代在经济发展中的作用进行了重点研究,在产业结构理论方面作出了重要的贡献。例如他提出的霍夫曼比例和霍夫曼工业化经验法则具有很大的应用价值和广泛的影响力。他在这方面的主要成果有《发展中国家的进口替代和经济增长——以阿根廷、巴西、智利和哥伦比亚为重点》和《马来西亚半岛的工业增长、就业与外国投资》等。

荷兰经济学家、经济计量学的创始人之一丁伯根的关于制定经济政策的理论包含有丰富的产业结构理论。例如他认为,经济政策就是要有意识地运用一些手段以达到某种目的,其中就包含了调整结构的手段。他把经济政策区分为数量政策、性质政策和改革三种。其中,性质政策就是要改变结构(投入产出表)中的一些元素,改革就是改变基础上的一些元素。又如他在其发展计划理论中所采用的大型联立方程式体系,就是凯恩斯、哈罗德-多马及里昂惕夫等人多种模型的混合物;另外,他所采用的部分投入产出法,就是一种产业关联方法,它直接从投资计划项目开始,把微观计划简单地加总成为宏观计划。

第四节　产业结构与经济增长质量

生产要素配置过程包括生产要素的流动、分配和组合。不同的要素配置产生不同的经济效果,体现了不同的配置效率。在要素配置的微观层面上,首先生产要素流向生产效率高和产品质量好的企业,表现为企业效率的提高;其次生产要素在企业间的流动改善了企业间生产要素的分配、组合关系,表现为规模经济性。这种要素配置的结果表现在宏观层面上,首先是生产要素向生产率高的产业转移,表现为产业结构的优化;其次是生产要素在产业间的流动减少经济的非均衡性，表现为产业结构的协调。产业结构的优化和协调，最终使生产要素的配置效率得以提升，从而提高经济增长的质量。

一、产业结构的概念

产业结构，也称国民经济的部门结构，是指国民经济中各产业部门之间以及各产业部门内部的构成。社会化大生产的产业结构是在一般分工与特殊分工的基础上逐步形成、演变和发展起来的。研究产业机构，一般是研究生产资料与生活资料两大部类之间的关系，从部门层面来看，则主要研究农业、重工业、轻工业、建筑业与服务业等部门之间的关系，以及各个产业部门的内部关系。

对于产业结构，基于研究视角的不同，不同的学者有不同的定义。有的学者把产业结构定义为在社会再生产过程中国民经济各产业间的技术经济联系及数量比例关系，同时，还须考虑产业结构的核心是各个产业之间的数量比例关系，产业之间的数量比例关系是否合理，对产业的协调发展至关重要。分析产业间的比例关系，一般使用两类指标：一类是各产业的就业人数与资本等生产要素投入及其所占的比重，另一类是各产业所创造的国民收入及其所占的比重。在上述两类指标中，前者表示各种"资源"在各产业间的分配形态，后者则表示再生产的结构形态。本文沿用费希尔和克拉克的三次产业分类法，将产业划分为第一、二、三次产业，并将产业结构定义为国民经济中三大产业部门之间的比例关系及其相互联系。产业结构包括投入结构与产出结构，前者主要是指劳动力、资本与技术的投入，后者是由各产业部门提供的产品和服务构成，一般用产值来表示。

二、产业结构的影响因素

（一）供给因素
一般而言，供给因素包括自然条件和资源禀赋、提供劳动力的人口、资金和技术进步等因素。这些因素既决定产业结构成长的基础,又决定产业结构的选择和性质,所以供给因素对产业结构既有促进又有制约作用。

1. 自然条件和资源禀赋

一国的自然条件和资源禀赋对该国产业结构的形成与变化产生至关重要的影响。自然资源是社会生产过程所依赖的外界自然条件。通常那些自然资源丰富的国家的产业结构或多或少地具有资源开发型的特征。如果一国国土辽阔、资源丰富,那么该国也可能形成资源开发、加工、利用等全面发展的产业结构,比如阳光充足、土壤肥沃等自然条件好的国家其农业发展迅速;而资源匮乏的国家就不可能形成资源开发型的产业,最多只能形成资源加工型的产业结构,比如地下资源丰富与否直接影响到采掘业、燃料动力工业以及重工业的结构。由于自然条件和资源禀赋一般是人力因素难以改变的,同时资源禀赋又是一国经济发展的基础因素,所以对一国的产业形成和经济发展具有重要的影响。随着技术的进步,自然资源禀赋在一国经济发展中绝不是决定性因素。如新加坡、日本等自然资源缺乏的国家通过不同的途径走上了工业化发展的道路,跻身于世界经济发展的前列。因此,自然资源状况对产业结构的影响是相对的,受资源制约的国家也可以借助科技的发展和国际贸易克服其资源匮乏的弱点。自然资源禀赋在一国产业结构转换的初、中期阶段制约作用较明显,当初级产品生产的比较优势被制造业所取代,向成熟阶段推进时,其制约作用明显减弱。

2. 人口因素

从供给的角度看,人口因素影响劳动力的供给程度和人均资源拥有量以及可供给能力的程度,具有数量和质量两个方面的规定。在工业化发展的初期,劳动力的数量决定了产业结构的转换与升级,比如发达国家在工业化初期曾受到供给不足的制约。但是从人口、资源平衡的角度,过度的人口增长会过度地把国内的有限资源转化为衣食供给,以满足人们基本的生活需要,这样将导致既减少其他资源的供给,又减慢农业人口向第二产业和第三产业的转移,从而延缓工业化的进程,阻碍产业结构的高度化和合理化。

经济发展到一定水平后,劳动力的质量也就是人力资本开始发挥关键的作用。因此具有较高知识水平和劳动技能的人员越多,新兴产业发展越快;反之,劳动力质量较低的国家往往会停滞于传统产业。劳动力质量较低将对产业结构变动产生两方面的影响:一方面劳动密集型产业主要是轻纺产业,易导致工业结构"轻型化";另一方面劳动密集型产业多为中小企业,会引起产业组织结构的"小型化",降低规模经济效益。

因此,保持适度的人口数量和提高人口素质是经济发展和产业结构转换的重要条件。对大多数发展中国家而言,其工业化发展和产业结构转换中的制约因素不是劳动力供给的不足,而是劳动力过剩带来的就业压力和人均资源的减少。

3.资金供应

资金是重要的生产要素,是产业维持和扩张的重要条件。资金供应状况对产业结构的影响主要包括两个方面。

(1)资金的充裕程度对产业结构的影响,主要包括经济发展水平、社会发展水平、储蓄率、资本积累等诸多因素,是资金总量方面对产业结构变动的影响。

(2)资金在不同产业部门的投向偏好对产业结构的影响,主要包括投资倾斜政策、投资者的投资偏好、利率、资金回报率等,是投资结构方面对产业结构变动的影响。在资本投资一成不变的情况下,投入某产业资金的多少,决定该产业的生产规模大小和发展速度快慢。资金的短缺往往成为发展中国家产业结构优化升级的瓶颈,资金越短缺,越妨碍重工业、高新技术产业等产业发展程度的差异。

4.技术进步

技术进步是经济增长的主要因素,也是产业结构变迁的动力。产业结构表现为一定的生产技术结构,生产技术结构的进步与变动都会引起产业结构的相应变动,一旦技术发生变革,产业结构将会发生与之相适应的改变。第一次技术革命促进了纺织、运输、机械工业的兴起,人类社会由农业向工业社会转变;第二次技术革命使得汽车、航空、电力等工业迅速崛起,工业生产进一步集中化,垄断企业不断兴起;第三次技术革命中原子能技术的出现带动了塑料、橡胶、合金材料工业的发展,其中计算机技术的发展和计算机的广泛应用使得信息产业成为主导产业。20世纪80年代的新技术革命对产业结构升级产生了重大影响,为知识经济的兴起和发展提供了技术基础。

技术水平的不同决定了比较劳动生产率的不同,技术进步又引起比较劳动生产率的变化。产业结构转换的动力来自比较生产率的差异,主要表现为生产要素从生产率比较低的部门向生产率比较高的部门转移;产业结构的转换和升级,主要取决于部门之间生产率增长速度的差异。那些研究与开发投入强度大、能够最先吸收新技术的部门,往往也是生产率提高最快和产出增长最快的部门,这是由部门内在的技术经济特征所决定的。

5.商品供应

原料品、中间投入品、零部件、进口品等商品对产业结构变动产生较大的影响。通常,后向关联系数越大的产品对产业结构的影响就越大。广义上,商品供应还可以包括电力、原料、燃料的供应,服务的提供,技术的支持等更广的范围。这些商品的供应在很大程度上取决于基础工业、上游工业、后向关联产业的技术水平和产业发展水平。这些产业的技术水平和发展水平影响产业结构的变动。根据发达国家的实践经验,产业结构的高度优化也是在基础产业、上游产业或后向关联系数较大的产业得到一定程度的发展以后,下游产业或前向关联系数较大的产业才能得到比较大的发展。

(二)需求因素

需求决定一项经济活动的存在价值,也决定某一产业的存在必要性,当需求发生变化时,必然要影响到产业结构,使其发生相应的变化。从总量角度分析,人口数量的增加和人均收入水平的提高都会扩大消费需求;

经济发展水平、社会发展水平。技术水平的不同,消费水平通常也会不同;在不同的经济发展周期,各种消费需求也会出现波动。但从结构的角度分析,个人消费结构、中间需求与最终需求比例、消费与投资比例、投资结构对产业结构的影响更加明显。

1. 个人消费结构

个人消费结构是在需求结构中对产业结构变动影响最大的因素。消费结构直接影响消费资料产业部门的构成,并间接影响给消费资料产业部门提供生产资料的生产部门的构成,从而影响整个产业结构的变动。个人消费结构不仅直接影响最终产品的生产结构和生产规模,而且间接地影响中间产品的需求,进而影响中间产品的产业结构。随着收入水平的提高,不仅消费的需求总量会扩大,而且消费结构也会发生变化,个人需求趋向多层次和多样化,使得第三产业比重不断上升,产业结构不断优化升级。

2. 中间需求与最终需求的比例

中间需求与最终需求的比例是一种重要的需求结构。中间需求是指各个生产部门对把自身价值一次性全部转移到产品中去的生产资料的需求,比如原材料、零部件等。最终需求是指人们对无需再进入生产过程,即可供消费和投资的产品的需求,比如固定投资、个人消费、增加库存、出口、政府采购等。中间需求和最终需求比例变动将会使社会生产的产业结构发生相应变动。决定中间需求与最终需求比例的主要因素包括:专业化协作水平、生产资料利用率、最终产品的性能及制造技术的复杂程度。专业化协作水平越高,相同产出的最终产品对中间产品的依赖程度越大;生产资料利用率越高,相同产出的最终产品对中间产品消费需求越少;制造技术越复杂,对中间产品的需求量就越大。因此,中间产品和最终产品的比例关系影响着产业结构的变化和升级。

3. 消费与投资比例

消费与投资的比例关系直接决定消费资料产业和生产资料产业的比例关系;消费与投资比例的变化直接引起消费资料产业与生产资料产业

的比例变化。具体来讲,当投资比例较高时,相关的生产资料产业将得到较快发展;当消费比例较高时,扩大的居民需求将刺激生产消费资料产业部门的较快发展,同时将波及相关的生产资料产业部门的需求变化。霍夫曼工业化经验法则很好地诠释并说明消费与投资比例的变化对产业结构变化的影响。

4.投资结构

投资结构是指资金向不同产业方向投入所形成的投资配置量的比例。投资不仅是构成现实需求的一个重要因素,将形成新的生产能力,也是企业扩大再生产和产业扩张的重要条件之一。不同方向的投资是改变已有产业结构的直接原因。创造新的投资需求,将改变原有的产业结构形成新的产业结构;对部分产业投资,将推动这些产业以更快的速度扩大,促进这些产业的发展,从而影响原有产业结构;对全部产业投资,但投资比例不同,则会引起各产业发展程度的差异,导致产业结构的相应变化。由于投资是影响产业结构的重要因素,政府往往采用一定的投资政策,通过调整投资结构,来达到产业结构调整的目标。

(三)国际因素

1.国际贸易

国际贸易是由于资本追求利润的无限扩张性,决定了社会分工打破国家之间的地理界限,导致国与国在资源、产品、技术、劳务等方面的交换。国际贸易是在开放条件下来自外部的影响产业结构变动的因素,对产业结构的影响主要通过国际比较利益机制实现。按照国际分工原理,国际市场对一国具有比较优势的产品需求,往往会通过影响该国出口结构,从而引起生产要素在一国产业体系内部的重新配置,进而影响其产业结构的变动。资源、商品、劳务的出口对本国的相关产业起到推动的作用,国内稀缺资源的进口能够弥补相关产业的不足,各国间产品生产的相对优势变动会引起进出口结构变动,进而带动国内产业结构变动。

2.国际投资

国际投资包括本国资本的流出和国外资本的流入,对外投资会导致本国产业的对外转移,国外资本的流入则会使国外产业向国内转移。这两方面都会引起国内产业结构的变化,但国外直接投资对国内产业结构的影响更为直接和深远,主要表现在三方面:一是国外投资决定了生产方式、生产技术、产品品种和数量,会直接改变一国原有产业结构;二是国外投资中间产品的供应结构和最终产品的销售结构的变化导致国内供应结构和需求结构的改变,从而促使国内产业结构发生相应变化;三是外资企业的技术创新和管理模式会对一国的产业结构产生间接影响。

(四)政策因素

为了实现政府制定的经济发展目标,政府通过制定产业发展战略和政策扶持或限制某些产业发展,对产业结构的调整加以诱导或强制实施。产业政策是指导产业发展和产业结构调整最主要的依据,政府对产业结构的调整主要是通过产业政策来实现的。政府可以对影响产业结构变动的因素进行调整,包括通过政府投资、管制等措施,通过制定财政;货币等政策,通过立法、协调等手段来调整供给结构、需求结构、国际贸易结构和国际投资结构,进而影响产业结构。

三、产业结构演变与经济增长质量的关系

产业结构通常被称为产业间的比例关系,产业结构的调整、优化和升级描述了这种比例关系的变化。在长期的历史统计资料研究中,英国经济学家克拉克发现了产业结构演变的一般规律。即当一国经济发展水平比较低时,从产值或劳动力总量看,第一产业比重最大,第三产业比重最小。随着一国经济的发展及人均收入水平的提高,第二产业的比重逐渐上升并成为比重最大的产业,当经济进一步发展后,第三产业成为比重最大的产业。法国经济学家霍夫曼又从工业结构演变的趋势中得出了"霍夫曼定理",即工业内部的产业结构演变规律是先从以轻工业为主导地位转向以重工业为主导,重化工发展中又从以原材料、采掘工业为主导转向以加工组装为主导,由制造初级产品逐步向以制造中间产品和最终产品占优势为主。从生产要素的投入结构演变看,其顺序是由劳动密集型为

主向资本密集型、再向技术密集型转变。

　　产业结构变化与经济增长之间是互为因果的关系。首先,经济增长会导致产业结构的优化升级。因为,经济增长使人们收入提高,收入提高带动了消费水平的提高,从而使得消费结构发生变化,进而使得社会的需求结构发生了变化。因此总量的调整要求供给结构发生变化。供给结构的变化客观要求现有产业结构必须进行优化升级以适应经济结构的这种变化。其次,产业结构的优化升级会促进经济增长的质量。因为,产业结构变动往往同技术创新和技术进步联系到一起,技术进步不仅使相关产业部门发展加快,而且一种新的重要技术更可能带来新的产业部门的诞生,进而带来整个社会产业结构的变化。同时,产业结构调整、优化的过程,就是资源重新配置的过程,而这一过程促进了产出效率和资源配置效率的提高。产业结构变动后,无论从产品的产出结构还是要素资源转移后形成的配置结构分析,都会促进产品质量和要素配置效率的提高。从这个意义上说,产业结构的优化升级促进了经济增长质量的提高。

四、产业结构偏差对经济增长质量的影响机理

(一)产业结构对狭义经济增长质量的影响机制

　　产业结构是指在一定时期内,一国国民经济中各产业的结构形态,具体指生产要素在各产业部门之间的配置形式,包括各产业所占比例、构成、产业组织结构、技术结构等诸多方面,以及劳动力、资本、技术等投入要素在各产业部门间的具体配置方式。

　　狭义维度下的经济增长质量,主要是指经济增长效率。在经济增长的过程中,资本、劳动力与技术等生产要素通常是以某种特定结构组织在一起而进行生产活动的。产业结构的不同直接导致生产组织方式上的差异,而生产组织方式的差异又会导致生产要素和技术在具体使用方向及程度上的区别,这种区别则会进一步影响这些投入要素利用效果的好坏。经济增长效率就是反映一国或地区对资源和技术的利用情况。因此,产业结构是影响经济增长效率的一个重要因素,合理的产业结构能够促进

各个产业部门的协调发展,提高资源与技术的利用效率,降低资源要素的瓶颈约束,从而促进经济增长质量的提升。

(二)产业结构对广义经济增长质量的影响机制

产业结构对广义维度下经济增长质量的影响,主要通过影响经济增长方式来体现。纵观各国特别是发达国家经济增长的实践经验,可将经济增长划分为三个阶段。

1.增长初始阶段

这一阶段最明显的特征是经济增长缓慢,农业在国民经济中占据统治地位,工业与服务业基础相当薄弱。经济结构特征主要表现为单一的"农业化",多元化的经济结构还处在孕育阶段。同时,科学技术水平非常落后,主要依靠劳动和资本等要素投入来实现经济增长,这一阶段的增长模式称为数量型经济增长模式。

2.高速增长阶段

这一阶段最明显的特征是经济高速增长,国民经济中农业的主导地位开始逐渐弱化,工业与服务业快速发展,其产值与就业比重不断提高,经济结构的"工业化"特征明显,多元化的经济结构在逐步调整。产业结构的调整使得劳动力、资本等生产要素从效率低的部门逐渐向效率高的部门转移,导致经济效率提高,增长速度加快,高速的经济增长又反过来促进产业结构的调整变动。同时,伴随着经济的快速增长,技术结构也在不断进行调整,这一阶段的增长模式是数量型增长向质量型增长的"过渡模式",称为准质量型经济增长模式。

3.经济发达阶段

这一阶段中,在经济上已经实现了工业化。工业与服务业相当发达,特别是在国民经济中服务业的产值比重与就业比重双双超过了工业,经济结构的"服务化"特征显著,经济增长不再只是单纯地依靠增加要素投入,转而依靠结构转型升级、技术进步以及制度创新来实现。这一阶段的增长模式称为质量型经济增长模式。

从上述分析可以看出,不同的产业结构对应着不同的增长阶段,且其变动意味着资源的重新配置,这对经济增长模式的转型意义重大,并在很大程度上决定着经济增长质量。若单纯依赖对生产要素的大量投入来换取经济的总量增长,则会导致加工工业的发展速度明显快于农业、能源等基础产业部门,引起产业结构的失衡。同时,数量型的经济增长模式过分注重扩大生产规模,从而导致出现只偏重投资需求、净出口需求对经济增长的带动作用,而忽视消费需求对经济增长的促进作用,最终使得总需求结构的发展不平衡甚至畸形。而且数量型经济增长方式在资源约束日益强化的发展后期,愈来愈受到资源要素的限制,使得经济增长变得不可持续。产业结构作为影响经济增长的一个重要因素,决定着各种要素是否能够高效利用和合理配置,若产业结构合理,才能充分利用要素资源,避免浪费;若产业结构不合理、结构不协调,则会出现资源短缺和浪费,经济发展受到严重制约。

由此可见,产业结构的调整与优化升级,可以转变经济增长方式,提高经济增长质量,实现数量型增长方式向质量型增长方式的转型。

第五节 产业结构演变规律及其对就业结构的影响

一、库兹涅茨的"产业结构变动趋势分析"

美国经济学家库兹涅茨(Kuznets)在克拉克等经济学家的研究基础上,1971年出版了《各国的经济增长:总产值和生产结构》一书,收集、分析了包括发达国家和发展中国家在内的大量数据资料,从部门产值结构和劳动力就业结构两个方面对人均国民收入和结构变动的关系作了更为透彻地考察。库兹涅茨把第一、二、三产业分别称为"农业部门""工业部门"和"服务部门",并得出结论:随着人均收入的增长,农业增加值占总产值的比重和农业劳动人口占总劳动人口的比重一样逐渐下降;在工业化进程中,工业增加值占总产值的比重和工业劳动人口占总劳动人口的比重都会上升,但前者上升的速度快于后者。当进入工业化后期时,两者的比重均会下降。服务业增加值所占总产值的比重和服务业劳动人口占总劳动人口的比重会一直上升,工业化前期和中期,后者的上升速度会更快。库兹涅茨的研究揭示了农业劳动人口占总劳动人口的比重不断下降,进入到工业化后期以后,第二产业吸纳劳动力的能力也将衰弱,只有第三产业可以大量吸纳劳动力。库兹涅茨还提出了相对劳动生产率的概念,即三次产业产值比重和三次产业劳动就业比重之比。

二、钱纳里产业结构和就业结构的标准模型

美国经济学家钱纳里(Chenery)对产业结构和就业结构转变的问题也进行了深入的研究。1975 年钱纳里和赛尔奎因合写了《发展模式:1950—1970》一书,根据 101 个国家的数据,通过分析包含 130 个变量的 20000 个观察数据,描述经济增长过程中产业结构变化规律的"标准产业结构"。"标准产业结构"揭示了在经济发展的不同阶段,有与之相适应的不同的产业结构和就业结构。这为分析、评价不同国家和地区经济发展过程中产业结构的合理与否提供了参照。

钱纳里、鲁滨孙和塞尔奎因在 1986 年出版的《工业化和经济增长的比较研究》一书中进一步阐述了"发展模式"的理论和方法。

第一,提出了影响产业结构变动的因素:以恩格尔定律为理论基础的需求结构的变动,以要素禀赋以及比较优势理论为基础的贸易结构的变动,以中间产品替代原材料的比例结构和生产率提高为基础的技术水平的变动。在经济发展的不同阶段,每种因素对经济增长贡献的相对重要性是不相同的。

第二,总结了工业化贸易政策的三种主要类型:外向型、内向型和中间型,阐述了贸易政策和经济发展战略决定结构转变,进而影响经济增长绩效。实行不同贸易政策和发展战略的国家,产业结构变化的方向和速度也各不相同,各个因素对经济增长的贡献率也各不相同。

第三,根据34个工业化进程中的国家或地区的经济发展数据分析,阐述了工业化过程要经过六个阶段,并伴随着产业结构的转变。六个阶段分别是:传统社会阶段、工业化初期阶段、工业化中期阶段、工业化后期阶段、后工业化社会阶段和现代化社会阶段。

钱纳里等人对产业结构的研究和库兹涅茨的研究都是在普遍性的经验事实基础上揭示了一些经验性规律和产业结构演变的一般趋势。但钱纳里等人的研究在研究内容的广度和深度上有了很大进展,研究方法上也做了改进。如在关于产业结构转变因素方面,对本质的需求因素,补充了重要的"中间需求"因素,从而对恩格尔系数方法做了较大修正。对不同国家或地区采取的不同的贸易政策和经济发展战略对产业结构转变的影响做了详细分析。

三、二元经济结构下的劳动力转移问题

20世纪50年代以来,学者们开始注重研究发展中国家或地区的经济增长模式,二元经济结构的概念逐步形成。"二元结构"的概念最早由伯克(J. H. Booke)在其著作《二元社会的经济学和经济政策》中提出。伯克研究摆脱了荷兰殖民统治后的印度尼西亚的经济社会状况,生产力落后,主要依靠劳动力手工生产。与此相对应的是少数城市工业部门,依靠资本和机器大生产,生产力水平高。传统农业部门和现代工业部门不仅在生产方式和生产技术上存在差别,在组织形式和社会文化上也存在很大差别,显示出二元结构的特征。伯克对二元结构的研究仅是描述性的,随后的学者从不同角度深化和完善了二元结构的理论。

(一)工业化带动理论

美国经济学家W. A.刘易斯(W. A. Lewis)1954年发表了论文《无限劳动力供给条件下的经济发展》,研究了发展中国家所特有的二元经济结构:一是劳动力效率低下,收入仅能维持基本生活的传统农业部门;另一是劳动生产率高和劳动工资福利好的采用现代化生产方式的城市工业部门。他提出了人口流动模型,假设条件是:农村存在大量闲置的劳动力,

城市现代化工业生产效率高,收入和利润高;劳动力转移过程中不存在转移成本。刘易斯最后得出结论:随着城市现代化工业的发展,由于相对于传统农业收入高很多,在不存在劳动力流动障碍的前提下,劳动力会源源不断地从农村转移到城市,直到农村劳动力转移殆尽。此时,传统农业劳动力效率得到了提高,农民收入水平上升,和现代化工业工人收入相比等同,劳动力流动停止。

刘易斯的理论在分析我国劳动力流动时存在局限性:第一,他认为城市存在充分就业,若城市现代化工业部门未能将积累的资本全部投入扩大再生产或投入到新的机器设备上,形成对劳动力的替代,农民在城市就不能充分就业。第二,他认为城市工资保持不变,实际情况是城市现代化工业部门劳动工资在大幅提升。第三,各国制度环境不一样,尤其是中国存在着户籍制度和社保等门槛,农村劳动力不能充分自由流动。

费景汉(John C. H. Fei)和古斯塔夫·拉尼斯(Gustav Ranis)在 1961 年发表了论文《经济发展的一种理论》。这篇论文改进了刘易斯的二元经济模型中忽略的农业部门发展、技术的要素偏向、技术进步和人口自然增长等缺陷,论述了就业结构在经济结构转换过程中变化的阶段和条件。他们把劳动力转移过程划分为三个阶段:第一阶段,工业部门源源不断地吸收农村剩余劳动力;第二阶段,农村劳动力转移到一定程度,农业品价格上升,工业部门工资也开始上升,限制了农村劳动力转移和工业部门的扩张;第三阶段,农村剩余劳动力吸收殆尽,农业劳动生产率大幅提高,农业由传统农业转变为现代农业。

20 世纪 60 年代末到 70 年代初,从发展中国家农村人口流入城市和城市失业率同步增长的矛盾现象出发,美国经济学家托达罗(Todaro)于1970 年克服了费景汉—拉尼斯模型中假定城市部门充分就业,农业部门剩余劳动力被吸收完毕之前,传统农业部门和现代化工业部门工资水平不变的不足,创立了人口流动动态模型。托达罗认为,源于城乡收入差距和在城市能够找到工作的可能性,产生了城乡劳动力的流动。随着传统农业部门劳动力逐渐向城市现代工业部门转移,城市新增就业机会就会减少,最后城市失业率稳定在某一个固定的水平上,农村劳动力根据预期收入和在城市找到工作的可能性以及迁移成本来选择是否向城市流动。

(二)现代要素引入理论

美国经济学家舒尔茨(Schultz,1961),他研究和比较了发达国家和发展中国家在工业化进程中现代要素的引入与配置。提出了现代要素引入论,认为传统农业实现现代化是二元经济结构改变的前提。要实现传统农业的现代化,需要现代生产要素的引入。农业现代要素的增加需要农民能够掌握新的知识和技能接受和采用现代生产要素。因此,需要增加人力资本投入。促使农民通过健康保健、迁移和教育培训等方面的投资而接受并最好地使用现代生产要素。城乡二元经济持续的主要原因在于城乡的人力资本投入差别很大,增加传统农业部门劳动力的人力资本投入,提高其综合素质,有助于逐步消除二元经济现象。

(三)技术诱导变迁理论

在舒尔茨的现代要素引入论的基础上,日本经济学家速水佑次郎和美国经济学家拉坦提出诱导技术变迁理论,认为农业技术进步及其诱导能够促使农业部门现代化。发达国家拥有科学技术型的农业,能够改造和更新现存土地,使劳动生产率提升。而发展中国家的农业是自然资源型的,主要依靠土地和劳动力数量的投入。现代化农业技术升级的重点和技术引入的类型取决于生产要素相对价格的改变。如果某个国家或地区人多地少,就会倾向于引入提高单位土地生产率的农业技术,节约使用土地,如农业生物技术的引进。如果某个国家或地区地多人少,就会倾向于引入提高单位劳动生产率的农业技术,节约使用劳动力,如农业机械技术的引进。这是从节约成本的角度产生的技术引进的激励,是一种诱导性变迁,而非强制性变迁。

(四)核心—边缘关系理论

二元经济结构不仅存在于部门之间,20 世纪 50 年代,经济学家发现二元经济结构还存在于区域之间。一些区域现代化工业部门发展迅速,从邻近地区进口原材料,出口工业制成品,相对于邻近区域这些区域处于核心地位,被称为核心区域。相反,另外一些区域仍然以传统农业部门为主,进口工业制成品,出口原材料,相对于核心区域这些区域处于从属地位,被称为边缘区域。美国地理学家弗里德曼提出了核心—边缘关系理论。该理论指出核心和边缘区域之间存在两种效应。一种称之为涓滴效应,核心区域从边缘区域输入原材料、初级产品和廉价的劳动力,向边缘地区输出高附加值的资本、技术和工业制成品。边缘地区生产效率低,要素回报少,资本和劳动就会流入核心地区,致使强者更强、弱者更弱,加剧了核心和边缘地区的二元经济结构。另一种称之为扩散效应,核心区域和边缘区域之间的贸易和要素的流动增强了区域之间的联系,边缘区域可以吸收核心区域的先进技术和科学管理。在核心区域的带动下,边缘地区获得后发优势,又能够缓解核心和边缘地区的二元经济结构。缪尔达尔研究了区域初始条件的不同引致劳动、资本等生产要素和产品在区域之间的流动,突破了刘易斯分析的局限。

第六节 经济增长质量评价指标体系构建

一、经济增长质量评价指标体系的构建原则

(一)构建指标体系的重要性

概括地说,构建经济增长质量评估指标体系的重要意义体现在五个方面:一是便于建立监测与预警信息系统,对一定时期经济社会运行与发展态势进行评估和预报,为管理决策层提供科学依据;二是便于通过定量分析和评价经济增长过程中经济的稳定性和持续性、经济结构、经济效益、技术进步、居民生活消费的总体规模、资源环境等,监测和揭示各种主要问题和主要矛盾,正确提出各项政策和措施等及时传输有关信息;三是便于测度实现我国经济健康发展的管理体系运作的过程及其绩效,分析和测定经济政策的实施效果,防止地方领导单纯追求 GDP 的高速增长,加大固定资产投资,忽略经济效益、技术水平,浪费资源、破坏环境,甚至

伪造统计数据等现象的发生,从而客观的评价地方政府的工作情况;四是便于进行区际、国别间的比较与评价,从中找出差距和薄弱环节,并探析落后的根源;五是便于进行经济增长质量的运行走向与发展趋势的分析,利用预测手段制定下一阶段的发展战略步骤和规划,最终实现社会主义现代化。

(二)构建指标体系的原则

构建经济增长质量评价指标体系得目的是对经济增长质量做出正确的判断,同时要遵循实际性、科学性、可信性和可操作性原则:

1.实际性

评价指标虽然是研究现象数量特征和数量关系的,但它却是从确定现象的性质开始的。作为反映经济增长质量的评价指标,其内涵必须符合经济增长理论的基本要求。另一方面,评价指标的具体数值要通过实际工作来取得,评价指标的内涵也会在实践中不断丰富和发展,因此,评价指标的选择应尽可能考虑经济增长过程中可能发生的各种新情况新问题。把理论分析和实际情况结合起来,有助于我们更加全面深入地研究问题。

2.科学性

指标体系的设计及评价指标的选择必须以符合经济增长质量的科学内涵为依据,能够客观真实且无重复,无遗漏的反应经济增长质量的特点和状况。

3.系统性

各指标之间要有一定的逻辑关系,能够从不同侧面反映经济增长质量的主要特征和状态,同时指标体系的构建具有层次性,自上而下,由笼统到具体,形成一个不可分割的评价体系。

4.评价资料的可信性

经济增长质量的评价结果要向全社会公布,必然会产生广泛的社会影响。因此,在评价中所使用的基础数据均应取自国家权威部门公开发布的数据和各种统计年鉴中的数据,以便于社会各界的监督和检查。

5.典型性

评价指标应具有一定的典型代表性,能够尽可能准确地经济增长质量在某特定层面的综合特征。

6.相对性

应该选取相对指标或将绝对指标转化为相对指标,使用相对指标评价经济增长质量,目的在于消除由于经济初始水平差异而产生的干扰,能更加真实的度量经济增长质量水平,相对指标主要指指数、比率等。

7.可比性

可比性是指设置指标时应考虑时间、单位、方法及国际惯例等因素,以便于横向比较。

8.可操作性

建立经济增长质量评价指标体系的目的是更确切地反映经济活动的成果,评价指标体系的设计,一方面要能够满足分析评价经济增长质量的需要,尽可能将经济增长这一系统内的不同方面、不同分支的变化情况都加以描述,与此同时,指标体系中所列入的各项统计指标应该是能够在实际中取得数据,或利用现有资料加工后取得数据的指标。对那些虽然具有评价功能,但在实际中无法统计或难于取得数据的指标应予以剔除。因此不应过分强调它的完备性。在建立经济增长质量评价指标体系时,满足一定的客观性、科学性和可操作性原则是必要的。

二、经济增长质量评价指标体系的构建

(一)经济增长结构维度相关指标的选取

参照大多数学者的研究,经济增长的结构指标主要从产业结构、储蓄投资结构、消费结构以及国际收支结构等四个方面入手。其中,产业结构选取工业化率、第一产业比较劳动生产率、第二产业比较劳动生产率、第三产业比较劳动生产率以及二元对比系数四个指标来衡量。具体而言,工业化率采用非农产业就业比重来衡量;三类产业比较劳动生产率采用产业产值比重与产业就业比重的比例来衡量;二元对比系数采用农业比较劳动生产率与第二、第三产业比较劳动生产率的比例来衡量。储蓄投

资结构主要选取投资率与储蓄率来衡量。其中,投资率采用全社会固定投资总额与 GDP 的比重来衡量;储蓄率选取居民存款总额与 GDP 的比重来衡量。消费结构采用消费率的表示,具体采用全社会最终消费支出总额与 GDP 的比重来衡量。国际收支结构采用进出口总额与 GDP 的比重来衡量。

(二)经济增长稳定性维度相关指标的选取

在经济增长稳定性维度指标选取中,主要采用产出波动、价格波动以及就业波动三个方面的指标来衡量。其中,产出波动采用真实 GDP 增长率的波动来衡量,而价格波动采用通货膨胀率进行衡量,通货膨胀率采用居民消费价格指数来表示。

第四章　经济结构调整与
加快转变经济发展方式

随着能源、资源和环境对经济社会发展的约束逐步增强,经济发展方式转变成为促进经济社会可持续增长和发展的必要内容。我国经济过去几十年的高速增长是典型的出口导向型经济带来的,是通过旺盛的出口需求来弥补国内需求不足而带动的经济高速增长。在一个开放经济中,总需求是由消费、投资和进出口共同决定的。消费、投资和进出口的协调发展才能维持国民收入的可持续增长,否则,就会带来国民收入的波动。从我国经济发展的现实案例来看,当提供出口需求的欧美国家出现内部矛盾和结构失衡时,依靠出口需求来驱动的经济增长必然受到打击。

第一节　经济结构调整:
发展方式转变的战略重点

一、经济发展方式转变与经济结构调整的重要意义

(一)国际经济竞争下的必然趋势

经济发展方式的转变和经济结构的调整,是国际经济竞争趋势下的必然转型方向,目前国际经济的竞争愈发激烈,已经进入到了白热化的阶段,为了强化我国的社会经济实力、推动我国的长足发展、强化综合国力,必须调整经济结构,转变经济发展的方式,实现我国经济的稳定发展和可持续发展,在我国政府面临新的国际经济形势下,党的十九大中颁布了相关的方案和措施,提出了关于扩大内需、推动社会经济增长的一种方案和

措施,切实推进我国的现代化经济建设进程。切实落实财政政策以及适度的货币策略,都取得了良好的成绩,但是结合相关研究以及调查结果可以发现,在经济回升基础方面仍旧存在不足,整体的经济回升基础稳定性较差,经济结构有待完善。

在经济结构的科学性研究中,其体现出的合理性和科学性相对较弱,甚至在个别领域内,产能过剩的问题时有发生,产能过剩等现象和问题限制了我国的经济发展,是必须进行改进和优化的内容。投资在国民经济的增长中作为重要的推动力,体现出了消费需求相对匮乏的普遍问题,因此,转变经济发展的方式、调整经济结构是当前社会背景情况下的关键。考虑到国际经济激烈竞争,应加强对经济发展方式转变和经济结构调整的深入探究,虽然工作难度较高,但是仍旧要发挥出其重要价值,强化我国的综合国力,在面临国际经济竞争时,使中国能够占据一席之地,为未来的可持续发展拓展更广阔的空间[①]。

(二)保证中国的经济增长效益

中国经济增长效益取决于经济发展方式的转变和经济结构的调整,转变经济发展的方式,调整经济结构,为中国经济增长效益提供切实的保障,在此基础之上,强化我国整体的竞争力和综合发展实力,对于推进国民经济建设的可持续发展起着有力的推进和保障作用。从本质上来说,财政政策、货币政策都是一种短期性的政策措施,在宏观调控方面起到了一定的作用,但是若是要进行长期改革,必须把经济发展方式转变和经济结构调整这种根本性的政策落实到实际的经济建设与发展中。

经济发展方式转变和经济结构调整就是在长期发展需求下,必要的一项根本性政策措施,经济发展方式转变和经济结构调整的最终效率和获取的成效并不能够马上就得以体现,而是要经历一段较长的时间发展后,才能够逐渐显现出来,保证中国的经济增长良好效益。调整经济结构举措下,新的产业链会由此产生,改变经济发展的整体格局,使社会经济

---

① 李娟.试论转变经济发展方式的新方向与新动力[J].全国流通经济,2020(33):105－107.

发展方式发生转变,提高中国的经济增长效益。面临着严峻的国际经济形势和激烈的国际市场竞争,我国不仅要通过适度的货币策略以及有效的财政政策等宏观调控措施,还要结合实际的发展需求,制定切实可行的社会经济长远规划与发展方案。将短期措施和长期措施有机结合在一起,使短期措施切实落实到实际,向着长期策略的有效实施方面进行不断的探索,我国的国民经济建设与发展可以从中获取强大的内源动力和推动力,为我国的国民经济建设可持续发展提供根本保障。强化中国的经济增长综合效益。

(三)提升国民经济整体潜力与素质

近些年我国的科学技术水平不断提高,各个国家和地区发展过程中,新科技是必不可少的一项重要因素,通过转变经济发展方式、调整经济结构,能够使一个国家或地区形成全面的改革创新新局面,以新科技为切入点,站在更高层次的制高点上提升国民经济的潜力和整体素质。未来一段时间内,我国科技革命会继续向着绿色、智能、可持续方向探索与发展,根据对过去一段历史时期的发展进行分析可以发现,占据科技优势、发挥新科技的影响,实现未雨绸缪,紧跟时代的发展步伐,是非常有必要的一项举措。紧跟时代脚步抓住机遇,运用科技优势促进经济发展方式的转变和经济结构的调整,使我国能够获取更多的主动权,加强国家或地区的经济发展。

在20世纪90年代,信息革命时代背景下,美国将数字信息科技和高科技信息领域的发展成果相融合,抓住良好的发展机遇,迎来了近十年的繁荣发展。二次世界大战之后,日本通过对模拟科技运用,对产业结构进行了调整和优化,仅用了几十年的发展时期,就使经济增长得到了有力地推动,取得了显著的经济增长成绩,日本的经济实力大幅度提升。由此可见在新一轮的科技革命到来之前,必须推动经济发展方式的转变、调整经济结构发展国家的综合实力,在面临激烈的国际竞争环境与经济危机中取得极大的进步,进而在以人为本的基础上最大程度地推动国民经济的建设与可持续发展[①]。

二、调整经济结构促进经济发展方式的策略分析

转变经济发展方式需要经过长期的实践和不断的优化探索,真正落实转变经济发展方式的各项方案与措施,以经济发展的理念和经济发展的目标为核心宗旨,在发展经济的目标指引下,调整和优化经济发展政策,整合经济资源,提高经济资源配置的合理性和有效性。调整经济结构,优化经济结构,加强对经济相关要素之间的探索和研究,调整各个经济要素之间的关系,面对经济要素之间复杂的关联性进行优化和改善,使经济发展方式的转变能够得到更进一步的推进。在此思路下,将中国经济结构体制方面存在的缺陷和不足改善,从多方面着手加强对经济发展方式转变和经济结构调整,最大程度地使经济结构得到均衡调整,在经济结构的调整和优化的探索过程中,对经济资源实现科学的配置与发展,使经济要素与资源能够在调整和合理配置中,成为经济结构调整和优化的推动要素,真正促进我国经济发展方式的改变。由此可以看出转变经济发展的方式离不开调整经济结构这一重要的基础前提,我国在过去一段的时间发展中取得了显著的成绩,但是也迎来了更严峻的挑战,面临着重重困难与压力,必须推进经济发展方式的转变和经济结构的调整,强化发展动力,向着更高级的经济形态阶段不断演进与发展。

(一)调整经济组织空间结构

调整和优化经济结构是推动我国国民经济发展的重要举措,经济主体通过对经济要素的科学合理配置,使经济资源布局方式能够得到优化,起到调整和优化经济结构的作用,在这样的方式下,经济发展的形式更完善,在社会和经济的各领域中实现存置经济功能资源、积累经济功能资源,使经济资源能够持续性的配置,推动经济社会的可持续发展,二者协调共进。经济组织空间结构中各个经济要素相互关联,形成了复杂的关

---

① 邢立峰.产业结构调整与林业经济发展模式的转变[J].中国外资,2020(04):68—69.

系,例如农村经济和城市经济、区域经济和全国经济,均在很大程度上影响着国家的经济与社会之间和谐发展形势,因此在开发和配置资源的过程中,经济主体必须坚持均衡原则,站在可持续发展的长远目标推进经济组织空间结构的均衡发展,转变我国的经济发展方式,实现社会经济的稳健运行。通过调整和优化经济组织空间结构,以达到落实经济可持续发展工作任务的目的[①]。

(二)调整经济性质结构

与经济相关的要素种类多种多样、数量繁多,并且不同的经济要素之间体现了性质方面显著的差异性,因此,在分析经济结构的过程中需要结合经济要素性质上的区分,对经济性质结构进行调整,性质不同的经济要素,在数量比重和相互关系之间也各有不同。例如,站在所有权性质的视角展开对经济要素的分析,其中会涉及国家经济、民间经济等不同的差异性要素,这两者体现的就是经济质性结构。按照经济要素中形成的时间顺序进行划分,可以得出新结果和旧结果两种不同的结论,可见经济结构是具有动态性特征的,并不是固定不变,而是灵活多变的,呈现出动态变化。

为了对经济结构实现调整和优化,就必须深入剖析和研究新的经济要素,面对网络经济和实体经济这二者之间要素不同下形成的经济性质结构,分析经济有关要素的性质和目的,可以将经济划分出多种不同的类型,例如商业性经济、政策性经济、合作性经济。这些经济类型之间存在着一定的差异性,发挥了不同的功能和作用,在经济体系的运行和发展阶段,具有各自的功能,并且相互结合,构建起三维结构,这一结构稳定性较强,体现了经济性质结构的一种特性。除此之外,调整经济结构就是要加强对经济有关要素之间差异性的分析,提高经济资源分配的合理性,并且在实际的经济资源分配过程中,积累经济资源、存置经济资源,实现经济性质结构的调整。

---

① 张慧森.关于经济发展方式转变与经济结构调整的探讨[J].现代经济信息,2019
(12):9.

第二节　我国经济结构的特征分析

对于中国经济结构的系统性研究需以当前结构特征为基础。在本节中,我们基于国家统计局最新统计数据(2023 年),归纳五种不同视角下中国经济结构的主要特点。

一、经济总量与产业结构

2023 年全年国内生产总值 1260582 亿元,按不变价格计算,比上年增长 5.2%。分产业看,第一产业增加值 89755 亿元,比上年增长 4.1%;第二产业增加值 482589 亿元,增长 4.7%;第三产业增加值 688238 亿元,增长 5.8%。第一产业增加值占国内生产总值比重为 7.1%,第二产业增加值比重为 38.3%,第三产业增加值比重为 54.6%。

二、收入结构

2023 年,全国居民人均可支配收入 39218 元,比上年名义增长 6.3%,扣除价格因素,实际增长 6.1%。分城乡看,城镇居民人均可支配收入 51821 元,增长(以下如无特别说明,均为同比名义增长)5.1%,扣除价格因素,实际增长 4.8%;农村居民人均可支配收入 21691 元,增长 7.7%,扣除价格因素,实际增长 7.6%。

按收入来源分,2023 年,全国居民人均工资性收入 22053 元,增长 7.1%,占可支配收入的比重为 56.2%;人均经营净收入 6542 元,增长 6.0%,占可支配收入的比重为 16.7%;人均财产净收入 3362 元,增长 4.2%,占可支配收入的比重为 8.6%;人均转移净收入 7261 元,增长 5.4%,占可支配收入的比重为 18.5%。

2023 年,全国居民人均可支配收入中位数 33036 元,增长 5.3%,中位数是平均数的 84.2%。其中,城镇居民人均可支配收入中位数 47122 元,增长 4.4%,中位数是平均数的 90.9%;农村居民人均可支配收入中位数 18748 元,增长 5.7%,中位数是平均数的 86.4%。

三、支出结构

2023 年,全国居民人均消费支出 26796 元,比上年名义增长 9.2%,扣除价格因素影响,实际增长 9.0%。分城乡看,城镇居民人均消费支出 32994 元,增长 8.6%,扣除价格因素,实际增长 8.3%;农村居民人均消费支出 18175 元,增长 9.3%,扣除价格因素,实际增长 9.2%。

2023 年,全国居民人均食品烟酒消费支出 7983 元,增长 6.7%,占人均消费支出的比重为 29.8%;人均衣着消费支出 1479 元,增长 8.4%,占人均消费支出的比重为 5.5%;人均居住消费支出 6095 元,增长 3.6%,占人均消费支出的比重为 22.7%;人均生活用品及服务消费支出 1526 元,增长 6.6%,占人均消费支出的比重为 5.7%;人均交通通信消费支出 3652 元,增长 14.3%,占人均消费支出的比重为 13.6%;人均教育文化娱乐消费支出 2904 元,增长 17.6%,占人均消费支出的比重为 10.8%;人均医疗保健消费支出 2460 元,增长 16.0%,占人均消费支出的比重为 9.2%;人均其他用品及服务消费支出 697 元,增长 17.1%,占人均消费支出的比重为 2.6%。

四、人口结构

2023 年末,全国总人口为 140967 万人,比上年末减少 208 万人。全年出生人口 902 万人,人口出生率为 6.39‰;死亡人口 1110 万人,人口死亡率为 7.87‰;人口自然增长率为 -1.48‰。

从性别构成看,男性人口 72032 万人,女性人口 68935 万人,总人口性别比为 104.49(以女性为 100)。

从年龄构成看,16—59 岁的劳动年龄人口 86481 万人,占全国人口的比重为 61.3%;60 岁及以上人口 29697 万人,占全国人口的 21.1%,其中 65 岁及以上人口 21676 万人,占全国人口的 15.4%。

从城乡构成看,城镇常住人口 93267 万人,比上年末增加 1196 万人;

乡村常住人口 47700 万人,减少 1404 万人;城镇人口占全国人口的比重(城镇化率)为 66.16％,比上年末提高 0.94 个百分点。

总体上看,2023 年我国产业结构基本稳定,收入结构不断优化,支出结构更加合理,人口与劳动力均维持扩张区间。得益于人民群众的不断奋斗与持续发力的宏观经济政策,中国经济结构改善显著。

第三节　扩大内需与流通结构调整的政策与路径

随着我国经济的持续高速增长,经济结构的不合理问题也日益突出,其中之一就是内需与外需不平衡。主要表现为:内需不足,经济增长对外需的依赖度过高;内需中投资与消费比例不协调,投资需求过高,消费需求不足。这种不平衡已经影响到我国经济的持续发展。从内外部条件变化来看,保持我国国民经济持续健康增长,必须从以往过度依靠外需转向主要依靠内需。因此,扩大内需、促进消费将成为我国促进经济增长的长期战略方针和根本着力点。为此,中央政府和相关职能部门已经出台了一系列政策措施。

而在扩大内需、促进消费的过程中,商贸流通业起着至关重要的作用。流通作为生产通往消费的桥梁和纽带,不仅其规模影响着消费的实现程度,而且其组织形式、管理体制、物质技术设施、网点布局等都影响着消费的实现。商贸流通业发展的结构和速度,直接影响着消费水平的提高和消费结构与消费方式的升级。因此,搞活流通是促进消费、扩大内需的重要切入点。商贸流通业虽然不直接增加商品的使用价值,但可通过强大的服务功能,营造、改善消费环境,增加城乡居民的福利,提高居民生活质量,最终实现从货币储蓄到实际消费的转化,达到促进、催化、开发消费的目的。

因此,在扩大内需、促进消费的背景下,研究通过流通结构调整,加快流通产业发展,构建现代化、高效率、低成本的商品流通体系,对实现国家扩大内需、促进消费的长期发展战略,保持我国经济持续健康的发展具有重要意义。

一、扩大内需要求流通结构的调整

现阶段,扩大内需主要从以下几个方面实现:就消费结构而言,促进消费结构升级,通过满足多层次、多样化、个性化的需求从而拉动消费需求;就消费市场而言,一是拉动农村消费,开拓潜力巨大的农村市场,二是扩大城市消费,进一步拓展城市消费市场;就消费空间而言,通过发展便利消费,实现消费的促进和空间扩大;就消费成本而言,通过降低消费成本,提高消费需求;就消费模式而言,发展新型消费模式,扩大居民消费。无论是消费结构、消费市场、消费空间、消费成本,还是消费模式,都需要改变传统的流通结构和组织模式。因此,对流通业的发展提出了更高要求,拉动和促进消费的升级。

(一)促进消费结构升级,需要发展新型商业业态

随着经济的发展和收入水平的提高,人们的基本生活需求满足之后,更高层次的消费需求逐渐被激发,多层次、多样化、个性化需求成为消费需求演进的趋势。消费需求的升级,对流通业的发展提出了更高要求。此时,只有对业态结构进行调整创新或引进新型业态,才能更好地满足消费者的消费需要。从现实来看,便利店以靠近顾客、方便购买为特点;专业店以专营某一品牌商品、满足消费者品牌需求为特点;仓储式商店依靠简化装修和减少附加服务来更多地让利消费者;折扣商店则以廉价商品吸引消费者;百货商店以经营范围广、经营品种多为特点;购物中心以"一站式"购物满足消费者需求为特点等。这些不同的业态具有各自的定位和特色,能够满足不同层次消费者的消费需求,形成多种业态优势互补、合理化、社会化的商业网络,有力地拉动和促进消费的升级。

(二)拉动农村消费,需要加强农村流通网络的建设

农村消费市场十分广阔,扩大内需的最大潜力在农村。扩大农村消

费需求、开发农村消费市场、提高农民最终消费率,是国家拉动内需重要的组成部分。扩大农村消费,关键在于健全农村流通网络。多类型、多层次、多元化的商品流通,不但能够方便农民购买自己所需要的、价廉物美的消费品和服务,还能逐步提高农村的消费水平和质量,而且有利于农民消费结构的优化升级,进而形成新的消费热点和新的经济增长点。因此,要扩大内需,拉动农村消费,就必须加快流通结构调整,加强农村流通网络建设。

(三)扩大城市消费,需要新型服务功能的拓展

目前,我国城市消费品零售额占社会消费品零售总额比重大,城市商业仍是扩大内需的主要渠道。随着经济的发展和居民收入水平的提高,在基本消费得到满足的同时,居民消费必然进一步向高层次延伸,发展型和享受型消费比重提高,增加服务性消费是未来城镇居民消费支出的重点,表现为交通通信、文化娱乐、医疗保健、家政服务、休闲旅游、社区服务等服务需求将不断增加。进一步扩大城市消费,对商业的服务功能提出了更高要求。现代商业的发展必须从只重视商品转向商品和服务并重,从单纯满足物质消费转向物质、精神消费并重,从满足生活基本需要转向促进健康、提高生活质量发展并重。

(四)便利消费需求,需要商业网点布局的完善

从经济和社会发展看,便利性始终是影响消费需求的重要因素。消费者对消费便利性的追求,产生了对商业网点空间布局的要求。在产品市场中,如果所有的企业均销售同类商品并按相同价格出售,消费者将去最近的地点购买。消费者对消费便利性的追求促使零售企业在空间分布的竞争日益加剧,从而形成规模化的商业网络。与此同时,商业空间的扩展趋势以及交通基础设施的完善能够为居民的消费方式和消费行为提供更大的便利性和自由度,使得居民购物、休闲娱乐消费的出行距离大大提高,活动范围不断扩大,并直接导致消费空间的广域化和多元化。因此,要在更大程度上满足消费者对便利性的追求,在更广的消费空间内实现消费促进,需要调整和完善商业网点的空间布局,形成多核心、多层次、广

域化的商业空间结构。

（五）降低消费成本，需要流通效率的提升

消费者更加注重消费成本，要求加快流通效率的提升。在自身没有形成差异化竞争优势，而消费者又对价格因素比较敏感的条件下，流通企业只有通过多种途径降低商品成本，进而降低销售价格，才能对消费者更具吸引力。先进的流通基础设施、技术手段和现代的流通方式、组织形式管理模式，使得现代流通企业在实现规模经济的同时，有效缩短了流通时间，节约了流通成本，降低了流通费用，为其形成价格优势、规模优势和网络优势创造了条件。特别是在信息经济时代，要确保商流、物流、资金流的高效畅通，必须借助现代信息技术。信息技术在流通领域的应用，能够加速流通业技术创新和技术进步，提高流通效率和交易效率，进而降低流通成本。规模化、现代化的流通企业凭借庞大的销售网络和配送能力以及技术优势，能够迅速调整库存和不同市场的商品，加速商品周转，降低自身成本，并且将成本的节约传递给消费者，有利于扩大消费。

（六）引导消费需求，需要发展新兴消费模式

在扩大内需背景下，倡导现代消费观念，增加消费的文化内涵，提高居民生活的质量，引导居民时尚消费成为重要内容。一些新兴流通业态和经营模式的出现顺应消费趋势，丰富了消费选择，并发挥出创造消费的巨大潜力，促进消费总量的增长。电子商务的兴起，促进了网上消费的发展，借以信息丰富成本低廉方便购买，不受时间和地域限制的特点，对消费者具有巨大的吸引力和影响力，实现了在更大范围内、更多层面上扩大消费。这种消费模式本身就是流通创新的结果，它要求统一、开放、竞争和有序的市场环境。只有在统一标准、统一规范的条件下进行公平、公正的交易，才能真正发挥网上消费对扩大内需的促进作用。同时，消费模式的变革催生了物流服务方式创新，且建设高效物流配送体系成为现代流通业发展和结构调整的关键环节。

二、调整流通结构与扩大内需的政策建议

为适应现阶段我国经济发展的需要，必须将流通业的发展立足于扩

大内需,尤其是在扩大消费的基础上,调整和优化流通结构,构建现代化、高效率、低成本的商品畅销体系,形成流通发展与消费增长的良性机制。

(一)加强农村流通网络建设,搞活农村流通,扩大农村消费

长期以来,我国流通网络建设薄弱,农村流通发展滞后。当前,农村市场是扩大内需的重点,因此,要加快农村现代流通网络建设,推动农村流通网络的发展提升扩大农村消费。扩大农村消费重点是加强农村基础设施建设,将农村流通设施建设纳入农村基础设施建设的范围,加大资金投入力度。继续推进"万村千乡市场工程"、"双百市场工程"和"家电下乡工程"。加快农产品批发市场的改造升级,加快农产品冷链物流系统建设,完善农产品和农业生产资料流通体系,加强农村信息服务体系建设。通过发展现代流通网络,提高农产品流通效率,降低农村流通成本,促进农民增产增收,扩大农村消费。在加快农村流通业发展的同时,要从城乡一体化的角度重新配置商业资源,在农村大力发展连锁经营、物流配送、电子商务等现代流通方式,推动交易方式、服务功能、管理制度、经营技术的创新,使农村居民能够方便快捷地购买到正式渠道的商品,确保农民消费需求的顺利实现。得以扩大农村消费,推动内需发展。

(二)强化商业服务功能,大力发展现代服务业和生活服务业,促进城市消费

城市商业的发展趋势是进一步强化商业的服务功能。目前,服务消费在我国的发展还较为落后,要加快城市商业的调整和提升。首先,不断培育服务消费热点。加大基础设施投资力度,积极拓宽新型服务领域,降低服务性消费成本;引进国外先进管理经验和服务模式,提高服务消费水平,鼓励和吸引居民扩大服务消费;建立准确可靠的服务消费信息系统和服务平台,使消费者能及时便捷地获得休闲旅游、文化体育、教育培训、广播影视、网络通信等各种服务消费的相关信息,从而引导消费,创造消费。同时,促进传统生活服务业的发展。加快社区服务建设,发展社区商业网点,丰富商业经营品种和业态,强化社区服务功能;大力发展城镇住宿餐饮业,建立连锁经营、培育服务品牌,增加经营品种,提高经营管理水平,

规范餐饮市场,满足不同层次的居民需求,给居民服务性消费带来更大的发展空间。

(三)完善商业网点布局,优化商业空间结构,为消费需求的实现提供便利

合理的商业网点布局是扩大市场、促进消费的重要内容。目前,我国商业网点空间失衡现象严重。在商业空间布局上,必须从区域一体化、城乡一体化视角制定商业网点布局战略,构建多元化、多层次、广域化的商业网点,从而在更广空间、更深层次上实现促进消费。在东部地区和发达城市,通过优化和提升现有商业网点,满足居民消费需求的同时,使其更加符合居民对便利性的需求。同时,结合消费需求的特点和演进趋势,积极创新城市商业网点架构,在更大范围内拓宽消费空间。针对中西部和农村地区商业资源缺失,商业网络建设滞后的局面,重点是对商业网点进行补充和完善,为这些地区消费需求的实现提供条件。借助"万村千乡市场工程"和"家电下乡工程",逐步实现农村商业网络的整体覆盖,通过连锁经营等现代流通方式,为农民消费提供方便。加大对中西部商业资源的投入力度,积极培育大型流通企业,逐步实现其商业网络的整体提升。通过强化中西部和农村地区商业网点建设,推进区域商业空间布局的合理化。

(四)加快推进流通现代化,着力发展现代物流业,适应消费需求升级

在传统流通业转型升级基础上,大力发展以现代物流、电子商务、连锁经营为代表的现代流通方式和服务模式。物流业的发展不但从整体上影响商品流通的速度和效率,而且影响整个国民经济的运行效率。必须整合利用现有物流资源,着力发展专业化、社会化的现代物流业。通过资产重组和专业化改造等方式,充分利用和整合现有物流资源,并加快现有物流设施的改造升级,推进综合运输体系和物流信息化建设,支持公共信息平台建设,打破行业界限和地区封锁,逐步发展和完善专业化、社会化物流,为适应消费需求的升级提供高效快捷的配送服务。通过发展现代

物流业,形成分布合理、功能完善的物流网络体系,为疏通流通渠道,构建高效率、低成本、现代化的商品畅销体系提供支撑,从根本上改变现阶段物流配送与整个流通业发展不相适应的情况,降低商品的流通时间和费用,降低消费者的购买成本,进而促进消费。

(五)加大信息技术投入,提高流通效率,降低流通成本,促进居民消费

传统观念认为流通业属于劳动密集型产业,技术含量低。随着信息技术的发展,现代流通业已经成为知识密集型、技术密集型产业。信息化对提高流通效率、降低流通成本,进而降低消费成本,扩大居民消费具有重要作用。流通业的信息化建设是一项系统工程,涉及流通业的整体运作。要在政策层面引导信息通信技术的投资,加快建设流通发展综合服务体系、电子交易系统等;加快流通领域管理信息系统和商业 ERP 系统、电子数据交易系统、电子订货系统、电子转账系统和条形码技术等的应用,逐步实现供应链管理的电子化,改变流通领域技术含量低的状况,建立低成本、高效率的现代流通体系。同时,鼓励和支持流通企业加大研发投入,开发具有自主知识产权的核心技术和知名品牌,加快流通领域的技术创新,推动流通技术的持续升级与扩散。积极发展电子商务,鼓励网上消费等新兴消费模式。

(六)提高产业组织化水平,增强企业竞争力,满足居民消费需求的增长

调整流通组织结构,依托有竞争力的企业,培育一批具有较强国际竞争力的大型流通企业集团。促进企业联合重组,实行规模化、网络化、品牌化经营。以市场为导向,通过参股、控股、承包、兼并、收购和特许经营等方式,实现规模扩张,促进大型流通企业的建设和发展。通过调整流通组织结构,提高大型流通企业的规模经济水平和资源整合能力,使其满足居民日益增长的消费需求。在促进大企业扩张的同时,鼓励中小流通企业的发展,通过连锁经营等形式,提高中小流通企业的组织化程度,在社区服务、便利店、中小型超市等领域,充分发挥它们不可替代的作用。此外,加快流通业服务品牌建设,引导企业以品牌、标准、服务和效益为重点,健全质量管理体系,加强市场监管和诚信体系建设,努力提高服务质量,更好地为满足消费需求服务。

(七)促进商业业态均衡发展,积极推进业态创新,满足消费需求

根据市场需求特点,发达地区和城市的商业业态发展方向是多元化和便利化,特别是新兴业态的引入。针对落后地区和农村商业业态不足的情况,要大力引进各种商业经营模式,以适应居民消费需求的增长。通过对不同地区业态布局的调整和完善,实现各地区商业业态均衡发展。在引进和发展国外成熟业态的同时,积极推进业态创新,满足居民日益增长的多样化、个性化的消费需求。大型综合超市、仓储商场应注重增加商品品种,满足"一站式购物"需求;超级市场应扩大生鲜食品的经营比重,提供安全优质、价格合理的商品;便利店要深入居民社区,积极开展各种便民服务项目;专业店要突出经营特色,提供品牌化、专业化的商品和服务。传统百货店也要积极调整商品结构,实施多业态经营,注重对新型业态的应用和扩展,针对不同消费群体实施差异化经营。大力发展电子商务、网络营销等新型服务方式,不断增强服务业的比较优势。通过业态结构调整,优化商业业态布局,创新消费服务方式,改善流通服务功能,扩大消费需求,将流通业发展的立足点放在扩大消费上,形成经济增长的良性机制。

第五章　经济结构发展与
数字经济测度和模式构建实践研究

第一节　数字经济规模统计概述

一、数字经济的定义

数字经济,作为一个内涵比较宽泛的概念,凡是直接或间接利用数据来引导资源发挥作用,推动生产力发展的经济形态都可以纳入其范畴。

美国国家经济研究局认为,数字经济一方面包括电子商务,另一方面还包含信息通信产业。在其看来,数字经济的定义就是电子商务和支持电子商务运行的信息通信产业,电子商务是一种交易方式,而信息通信产业是对电子商务的技术支撑。后来美国政府也细化了数字经济的范围,并且对各个范围都给出了详细的解释。美国人口统计局也详细地表述了数字经济的定义,把数字经济分成基础设施建设、电子商务的运行流程,以及在线销售商品和服务三部分。

可日本数字经济监测中心认为:数字经济就是广泛的电子商务,这种经济模式没有人员、土地等物理变化,而利用数字手段进行交易、支付及资金转移,信息通信技术作为基础将迅速崛起,数字化产品将迅速进入人们的生产生活之中。

英国技术战略委员会认为,数字经济就是通过人与数字技术融合而产生的经济;具体包括数字技术、数字机器,以及生产中间环节的数字服务等各种数字投入所带来的经济产出。

俄罗斯数字经济研究委员会认为,数字经济的目的就是改善人民日常生活,提高国家实力,数字经济是使用数字手段来优化管理、产业等各种经济活动的总和。

中国工信部给出了"以使用数字化的知识和信息作为关键生产要素、以现代化信息网络作为重要载体"的数字经济的定义。2016 年举办的 G20(二十国集团)峰会,将数字经济定义为:将现代信息网络作为重要载体,以数据资源作为关键生产要素,将信息通信技术的有效应用作为效率提升与经济结构优化的重要推动力的一系列经济活动。2018 年的中国信息化百人会发表了《中国数字经济发展报告》,将数字经济定义为利用数据资源开发而诞生的经济之和,数据资源的开发包含数据的产生、收集、整理、运输、传递、使用等过程。

本书在目前研究结果的基础之上,结合中国数字经济发展的特点和趋势,将数字经济定义为:数字经济是以信息和通信技术为基础,以信息网络为依托,利用互联网与数字化技术,实现的经济活动总和。数字经济以数字化生产关键要素取代土地、劳动力等传统生产要素,将各领域传统产业向数字经济产业转型,改变各行各业的业务流程、消费与支付方式。数字经济的发展深刻地影响着我国的经济结构,对数字经济发展的引导可以为经济结构优化提供支撑。

二、数字经济的特征

数字经济的发展主要表现出以下特征。

第一,数据成为驱动经济发展的关键性生产要素,随着数字技术的迅速发展,数据量呈指数式增长。庞大的数据量诞生了大数据的概念,数据成为日益重要的战略资产,成为新时代最关键的生产要素。

第二,数字经济基础设施建设越来越重要。在工业经济时代,基础设施建设主要集中体现为以铁路、公路、机场等为代表的物理基础设施建设。随着数字时代的到来,基础设施建设的概念变得更广,既包括宽带、无线网络等信息基础设施建设,又包括对传统物理基础设施的数字化改造等。我们要推动以"砖和水泥"、为代表的基础设施建设转型为以"光和芯片"为代表的数字时代的基础设施建设。

第三,数字素养成为数字时代的新需求。在农业与工业时代,对大多数消费者的文化素养基本没有要求,对劳动者的文化素养虽然有一定的要求,但是仅限于部分职业与岗位。然而,在当今的数字经济时代,数字素养对消费者和劳动者都是非常重要的。随着数字技术向各行各业的渗透,劳动者需要掌握双重技能——数字技能和专业技能。但是,各国普遍存在专业人才不足的现象,具有较高的数字素养的人才将备受青睐。对于消费者来说,没有基本的数字素养,可能无法享受数字化的产品和服务,而成为数字时代的"文盲"。

第四,互联网的迅速发展;使供应商与消费者能够打破空间的限制,实现直接对话。例如,淘宝、拼多多等电商平台,省去了中间商环节,使供应商和消费者互利共赢。同时,网络中介交易平台也大量出现,网络中介交易平台整合各种信息;使交易内容、主体、效率等多个方面都与传统的中介交易机构不同,极大地降低了交易成本和避免了交易风险。

第五,数字经济促进中国产业结构升级。数字经济的发展能够改变传统产业的生产方式,提高资源使用率及劳动生产率,使传统产业实现数字化、智能化生产。数字经济改变产业的组织方式,有效激发企业的创新能力,给企业带来更多的商机,有助于传统产业改革。数字经济也对中国的农业、工业、服务业产生了重要影响。在农业方面:一方面,数字经济产业能够为农业提供有效的信息,能够把生产要素紧密结合起来,提高资源的使用率;另一方面,数字经济产业能够把数字技术融合于农业生产经营的过程之中,提高农业数字化、现代化水平,实现农业的升级转型。在工业方面:数字经济产业与工业跨界融合,既能提高工业生产设计的技术水平,提高能源使用效率,又能够利用大数据分析市场变化情况,实现工业转型升级。在服务业方面:服务业是数字经济产业最活跃的领域,随着中国信息技术的不断创新与发展,数字经济产业与服务业深度融合,陆续产生新业态与新模式;深化服务业的数字技术,可以丰富服务业的内容,并且能够实现线上线下一体化流程,实现服务业对市场需求的快速供给,全方位满足客户的需求,实现服务业升级。

三、中国数字经济的广义定义

数字经济的两个重要特征是数据成为最核心的生产要素,数据要素驱动传统生产要素进行数字化转型。传统要素的数字化转型主要体现在以下三个方面。

第一,劳动要素数字化转型体现在生产者要具备数字素养,掌握信息知识,熟练使用数字设备和各种操作系统、软件等。

第二,资本要素数字化转型体现在 ICT(信息与通信技术)设备、数据中心等;数字化改造后的传统基础设施成为新型基础设施。

第三,技术要素数字化转型体现为大数据、云计算、物联网等数字技术,成为产出增加、效率提升和经济结构优化的重要手段[①]。

数据要素及传统生产要素的数字化转型为数据应用和数字技术的实现提供了支撑。广义定义更具有包容性和前瞻性,更适应数字经济快速变化的特征,其定义可以随着新产业、新业态、新商业模式的出现而相应拓展。因此,本书对数字经济进行广义定义的界定:数字经济是以实现数据应用和数据技术为目的,以数据为核心生产要素,依靠数字技术进行货物和服务生产的一系列经济活动。其中,数据指数字化的一切数字、文字、图片、知识、信息和创意等。

第二节 数字经济规模统计测度方法研究

一、对已有的数字经济规模测度方法的评价

(一)国外测度方法

1. BEA(美国商务部经济分析局)的测度方法

2018 年,在美国商务部国家电信和信息管理局(NTIA)的支持下,美国商务部经济分析局估算了数字经济规模,估算过程包括三个主要步骤:

---

① 吴翌琳,王天琪.数字经济的统计界定和产业分类研究[J].统计研究,2021(6):20—21.

第一步,界定数字经济:①数字化基础设施;②电子商务;③数字媒体。第二步,借助国际标准行业分类将 ICT 产业部门分为计算机和电子产品制造等九大类,并利用 NAICS(北美产业分类体系)的框架将与数字经济有关的商品和服务纳入供应使用表中。第三步,衡量数字经济的增加值和总产出:一是根据供应表,得出上述数字商品和服务在美国所有行业中的总产量,并获得每个行业生产各种数字产品的总产量与该行业总产量的比率;二是将每个产业因生产数字产品产生的中间消耗占总产出的比率乘以该产业的增加值,以此作为该产业生产数字产品所产生的增加值;三是将该增加值乘以不变价格指数得到不变价总产出和增加值。

2.OECD(经济合作与发展组织)的测度方法

2001 年,OECD 在《新经济:超越炒作》中将 ICT 技术视为促进未来几年经济快速发展的重要因素。随后,OECD 连续多年对数字经济进行测度,并发表了《数字经济时代的新工作形式》报告。2014 年,OECD 在《测度数字经济一个新视角》中从数字经济现状、智能基础设施、赋权社会、创新、提供增长和就业五个方面对数字经济的社会化进行测度。2018 年,OECD 通过阐述数字经济的附属账户再一次对数字经济规模进行了测度。根据数字交易的特点,OECD 进一步定义了数字经济的主体和对象,并初步构建了可以独立核算的数字经济附属账户框架,其中行业类别分为数字化行业、数字中介平台、电子零售业、其他数字行业、依赖中介平台的行业及其他行业;数字产品和服务分为 ICT 和非 ICT 产品的数字订购、收费的数字中介服务产品和数字服务、收费的非数字服务和免费的数字服务。

在测度过程中,OECD 认为数字订购是通过接收或下订单的方法在网络上进行的商品或服务的买卖,促成平台是通过中介平台促进中介的点对点交易或服务。对于平台中的隐性服务支付,OECD 将消费者所支付的价格视为中间服务所收取的价格,然后将中间消费视为中间人所收取的费用;数字交付则是指下载数字服务、信息或数据过程中所产生的数据流量。具体的测度从以下两个方面展开:第一,广告融资。它用于将"免费"经济的交易过程虚拟化,假设该交易有所属部门,将投入产出表进行虚拟处理,这样才能更清晰地展现出该部分在执行."免费"经济后的服务生产活动。第二,数据支持。它用于将数据划分为个人数据和使用数据两类,根据各个类型的特征和使用范围对数据的价值进行估计。

3.BI(美国布鲁金斯学会)的测度方法

2020年1月,美国布鲁金斯学会的哈钦斯财政与货币政策中心提出了将"消费者剩余"作为衡量数字经济的指标,并且称其为新指标 GDP-B。目前,人们所使用的许多互联网服务都是免费的,在很大程度上未被计入 GDP 等经济活动衡量指标。因为数字产品通常对用户免费,所以它们对福祉的贡献被排除在 GDP 之外。随着数字经济的发展,GDP 与实际福祉之间的差距日益明显。作为一种补充 GDP 的方式,GDP-B 可以获取新产品和免费产品的福利收益,这对从新的角度评估数字产品和服务带给人类的经济福祉及研究中国数字经济规模至关重要。

4.IMF(国际货币基金组织)的测度方法

国际货币基金组织统计部撰写的《衡量数字经济》将"数字部门"与日益数字化的现代经济(通常称为"数字经济")区分开来,并着重于对数字部门的度量。其中数字部门具体涵盖数字产品和服务、在线平台和基于平台的活动。对于在宏观经济和金融统计中衡量数字经济,IMF 提出了自己的建议。

第一,质量调整和价格指数的编制。从理论上讲,质量的提高代表实际产出的增加,而为了防止在计算产品指数时将质量变化误认为是价格变化,在测度过程中须参考其他国家的经验,对主要数字产品的价格进行质量调整,更为准确地测量数字产品的价格指数。除此之外,在数据来源的识别、数据收集等方面也需要进行创新,以便在新的数字经济产品出现时及时将其纳入。

第二,统计核算的挑战。首先,电子商务是数字经济核算过程中不可或缺的部分,越来越多的个人、企业或组织选择在互联网上进行商品或服务的交易;而在线价格可能更低,CPI(消费者价格指数)可能无法统计到由线上购物而导致的平均支付价格的下降;致使电子商务价格在 CPI 和

PPI(生产者价格指数)中无法确定。其次,IMF认为,如果共享经济中的替代产品可以替代原始产品(如 Uber 替代出租车),那么共享经济应包括在 CPI 中,其权重则由它们在消费者支出模式中的重要程度来决定。最后,由于在线平台行业的快速发展,IMF 建议国际标准至少每 5 年更新一次国民账户基准年。

5.BCG(波士顿咨询公司)的测度方法

2011 年,e−GDP 的概念在法国戛纳举行的 G20 峰会上首次被波士顿咨询公司提出。e−GDP 采用支出法评估所有与数字设备创造生产、服务提供和应用相关联的活动,以此来测度数字经济规模,具体包括:第一,消费支出;第二,个人 ICT 投资支出;第三,政府 ICT 支出;第四,ICT 设备出口净值;第五,中国数字经济形态的其他要素。

(二)国内测度方法

1.中国信息通信研究院的测度方法

根据中国信息通信研究院先前的研究,数字经济已经从"两化"(数字产业化、产业数字化)发展为"三化"(数字产业化、产业数字化、数字化治理),然后扩展到"四化"(数字产业化、产业数字化、数字化治理、数据价值化)。但考虑到数据的可用性、核算方法的局限性等,中国信息通信研究院对于数字经济规模的实际测度仍停留在"两化"阶段,即将数字经济分为"数字产业化"部分(信息通信产业的直接贡献)和"产业数字化"部分(信息通信产业的间接贡献)。其中"数字产业化"部分具体包括电子信息制造业、信息通信服务业和软件业增加值之和;"产业数字化"部分主要是指数字技术应用于非数字经济行业所产生的经济效益,具体采用增长核算框架模型把非数字经济产业中数字技术的贡献部分剥离出来,得到"产业数字化"部分的规模。

其中:"产业数字化"部分具体核算过程为以下五步:第一,将我国的 ICT 投资分为计算机、通信设备和软件三大类。第二,根据投入产出表年度固定资产形成总额,结合 ICT 产值内部需求数据,计算出 ICT 投资额。非 ICT 投入、劳动投入可根据各年统计年鉴计算得出。第三,根据美国的 ICT 价格指数,对价格差进行指数平滑回归,从而估算出中国的 ICT 价格指数。第四,考虑使用年限及折旧率等因素,将 ICT 资本存量作为增长核算框架模型中的数字投入部分。非 ICT 投入与劳动投入做法相同。第五,通过增长核算框架模型估算出数字投入对 CDP 的贡献度,以此作为"产业数字化"部分的增加值。

2. 腾讯研究院的测度方法

相比于中国信息通信研究院的测度方法,腾讯研究院通过建立"互联网＋"指数来衡量数字经济。与前者不同的是,该指数测度的是数字经济每增长一个百分点对于国家 GDP 和就业所产生的贡献程度。

2017 年腾讯研究院将"互联网＋"数字经济总指数分为基础、产业、双创(创新创业)和智慧民生四个部分进行计算,该指数可以直观反映 2016 年全国 31 个省(自治区、直辖市)以及全国 351 个城市的数字经济发展水平。"互联网＋"数字经济指数具体包括以下内容。

基础分指数主要分为市场基础和技术基础两个方面。市场基础具体包括 31 个二级指标,包括微信、移动 QQ、数字内容产品和云计算平台;技术基础包括云消耗、CVM(虚拟化管理系统)内核、IDC(互联网数据中心)带宽和 CDB(常量数据库)存储 4 个二级指标。除了在公众号功能、移动支付方面选取指标外,产业分指数还在零售、餐饮、旅游、交通、生活等重点行业加入行业领先的互联网公司的数据指标,总计由 26 个二级指标汇总而成。双创分指数由有效创业项目数和 App 数量构成。App(应用程序)通常是指智能终端的第三方应用程序,是移动互联网产品和服务的主要体现。有效的创业项目是指同时满足"拥有专职工作组"和"拥有实际产品"两个条件的创业项目,可以直接反映当地创业集团的活动、创业热情和创业能力。智慧民生分指数主要反映社会治理和数字鸿沟的消弭程度,具体包含服务项目价值分、服务质量星级分、月活跃用户数、用户回流率、用户满意度、重点行业丰富度 6 个一级指标。

2018 年,腾讯研究院对该指数进行了改进,具体如下:

数字文化与去年相比;数字经济部分融合了基础分指数以及产业分

指数的微信公众号和移动支付方面,共计 36 个指标;将智慧民生分指数改为数字政务部分,共 6 个一级指标;产业分指数的其余部分改为数字生活部分,共计 23 个指标;新增数字生活部分,由新闻评论量、新闻点击量、视频点击量、游戏次数及游戏时长 5 个指标构成。

(三)测度方法对比分析

数字经济规模统计测度方法大体上可以分为两类:指数测度方法和计量模型测度方法。为了后续研究方便,本书对主要数字经济规模测度方法进行了优缺点的比较,如表 5－1、表 5－2 和表 5－3 所示。

表 5－1　数字经济规模统计测度方法比较

内容	测度方法类型						
	指数测度方法			计量模型测度方法			
	"互联网＋"指数	e－GDP	GDP－B	数字经济附属账户	增长核算框架模型	供应—使用表	数字部门法
优势	(1)计算简单,操作性强 (2)从数字经济的各个方面构建指标体系,能较全面地反映数字经济发展的程度 (3)可以反映横向或纵向差别			(1)根据经济理论建立模型,理论与实践相结合,思路明确,更具科学性 (2)数据容易获取,计算方法简单 (3)不仅能够测度数字经济规模,而且能明确影响数字经济的因素			
不足	(1)指标选取不全面,对指标的依赖性强,具有一定的主观性 (2)权重设置方法不同所得出的权重也不同,计算过程中可能产生较大误差 (3)微观指标数据获取难度大			(1)容易忽略实证研究的理论基础有些假设可能不切实际,引起误差 (2)数据不全面,缺失年份数据的补缺方法的不同可能会引起测度结果的不同 (3)经济问题中难以量化的因素没有统一的解决方法			

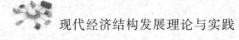

表5-2　指数测度方法比较

内容	指数测度方法		
	"互联网+"指数	e-GDP	GDP-B
优势	所选指标涵盖全面且符合时代发展的要求,数据质量高、更具针对性,具有较高的参考价值	可以更好地将数字经济所属部分从总产出中分离出来,以便更清晰地体现出数字经济是如何对经济产生贡献的	通过评估消费者剩余来衡量数字产品和服务给人类带来的经济福祉
不足	增加值规模与增量容易混淆,产生较大误差	只测算互联网相关的消费、投资和净出口,而没有考虑效率提升带来的价值	角度虽新颖但太过单一,无法全面地衡址数字经济规模

表5-3　计量模型测度方法比较

内容	计量模型测度方法			
	数字经济附属账户	增长核算框架模型	供应—使用表	数字部门法
优势	能够及时补充现有核算体系未包含的数字经济相关经济活动,并且可以对其进行单独核算	衡量数字经济中"细分的工业部门"的增加值更为容易,可以在分析数字投入的贡献中提供更多的视角,并通过增量贡献更清晰地显示数字经济的发展总规模与国民经济的关系	采用相对狭义的内涵界定利用供给—使用表将数字经济产业和产品层面的增加值一并测算,使数字经济的测算更为精确	在构建平减指数时,能够对数字产品价格进行调整,及时纳入新的数字产品和服务,加强收集在线平台提供的跨境服务信息,通过新的数字渠道(如移动货币汇款)估计国际支付额,以确保数字经济增加值不会被低估
不足	体系设计和核算方法不够完善,数字经济产品和产业的分类标准不够规范,数据获取较难	拘泥于传统行业的分类,需根据数字经济的动态发展对行业分类不断进行创新	测算方法和数据更新慢,不能完全反映数字经济的现状,P2P交易不够精确,模糊了生产者和消费者的界限	狭义的"数字部门"测算所需要的数据和资源难以获取,对统计能力的要求较高,与"数字经济"测算存在一定差异,不足以全面反映数字经济规模

二、数字经济规模统计测度方法

本书将中国数字经济总规模划分为"数字产业化"部分和"产业数字化"部分并进行测度,即中国数字经济总规模＝数字产业化部分规模＋产业数字化部分规模。

(一)数字产业化部分的测度方法

根据前文中的数字经济产业分类,我们可将数字经济产业化部分划分为数字经济基础设施和数字经济服务两部分,即数字产业化部分规模＝数字经济基础设施规模＋数字经济服务规模。数字产业存在高度的融合性,在我国国民经济的各行业中基本能找到数字经济的身影。又因为我国尚未对数字经济产业做出标准的规定,所以我们只能充分利用现有的文献资料,结合《国民经济行业分类》(GB/T4754－2017)将数字产业分离出来,其中有些产业所有组成部分均属于数字经济产业,称为"完全数字经济产业";而有些产业只有一部分属于数字经济产业,称为"非完全数字经济产业"。对于"完全数字经济产业"可从投入产出表中直接得到数据,而"非完全数字经济产业"要先通过确定分离系数,然后计算出其中数字经济所包含的部分,从而得到相应数据。其中,分离系数

i 部门分离系统 μi＝i 部门属于数字产业的值/i 部门相应的总额

(二)产业数字化部分的测度方法

对于"产业数字化"部分的测度,本书具体核算思路是从传统各产业的增加值中剥离出数字经济的贡献度。在剥离过程中,本书借鉴"先贡献后规模"的思路,通过增长核算账户框架(KLEMS)模型将 GDP 增长分解为数字经济资本要素增长、非数字经济资本要素增长和劳动要素增长三部分,先计算各部分对 GDP 增长的贡献,后测算中国数字经济产业数字化部分的总规模。增长核算理论主要是基于"增长余值"(又称为全要素生产率增长率)的方法而发展出来的,在社会核算体系中,始终存在这样一个定论,每个核算期内投入价值与产出价值相等的关系式为:

$$q^Y = q_1^{Y_1} + q_2^{Y_2} + \cdots + q_m^{Y_m} = p_1^{X_1} + p_2^{X_2} + \cdots + p_n^{X_n} = p^X$$

其中,m代表全社会有m种产出,n代表全社会有n种投入要素,Y、q分别表示产出的数量和价格,X、p分别表示投入的数量和价格。

总体来看,数字经济资本要素的测算思路大概如下:首先,当期的资本是过去多个投资期的结果,在确定投资序列之后,通过价格指数来计算不变价投资序列(不受时间影响的投资序列);其次,通过退役模式和年龄效率模式进行校准,将给定资本存量总额转化为生产性资本存量;最后,计算资本服务的价格,将所求得的生产性资本存量转换为资本服务价值。未来收益决定资产价值的现值,在某个时刻,资产在其使用寿命内提供的资本服务的现值之和就是该资产当时的价值。相反,人们可以通过确定年度资产价值、价格变化、资产折旧率等因素来计算当前使用资产的成本,也就是资本服务的价格。

第三节 "5ABCD+"模式构建及保障研究

一、"5ABCD+"发展模式条件分析

5=5G(第五代通信技术)、A=AI(人工智能技术)、B=BlockChain(区块链技术)、C=Cloud(云计算技术)、D=Daie(海量大数据)。

(一)互联网的普及

中国互联网络信息中心发布第53次《中国互联网络发展状况统计报告》(以下简称《报告》)显示,截至2023年12月,我国网民规模达10.92亿人,较2022年12月新增网民2480万人,互联网普及率达77.5%。

《报告》显示,2023年,我国坚持稳字当头、稳中求进,持续发挥新一代信息技术的引领作用,推动我国高质量发展迈出新步伐。一是网络基础资源不断优化。截至2023年12月,国家顶级域名".CN"数量为2013万个;互联网宽带接入端口数量达11.36亿个。二是物联网发展提质增速。截至2023年12月,我国累计建成5G基站337.7万个,覆盖所有地级市城区、县城城区;发展蜂窝物联网终端用户23.32亿户,较2022年12

月净增 4.88 亿户,占移动网终端连接数的比例达 57.5%。三是移动通信网络高质量发展。由 5G 和千兆光网组成的"双千兆"网络,全面带动智能制造、智慧城市、乡村振兴、文化旅游等各个领域创新发展,为制造强国、网络强国、数字中国建设提供了坚实基础和有力支撑。

《报告》中提到,2023 年,我国持续加快信息化服务普及,缩小数字鸿沟,坚持在发展中保障和改善民生,让更多人共享互联网发展成果。一是城乡上网差距进一步缩小。我国农村网络基础设施建设纵深推进,各类应用场景不断丰富,推动农村互联网普及率稳步增长。截至 2023 年 12 月,农村地区互联网普及率为 66.5%,较 2022 年 12 月提升 4.6 个百分点。二是群体间数字鸿沟持续弥合。我国对老年人、残疾人乐享数字生活的保障力度显著增强。2577 个老年人、残疾人常用网站和 App 完成适老化及无障碍改造,超过 1.4 亿台智能手机、智能电视完成适老化升级改造。三是公共服务类应用加速覆盖。数字技术的发展使公共服务更加便捷与包容,智慧出行、智慧医疗等持续发展让网民数字生活更幸福。网约车、互联网医疗用户规模增长明显,较 2022 年 12 月分别增长 9057 万人、5139 万人,增长率分别为 20.7%、14.2%。

(二)5G 时代的开启

数字通信技术的不断升级,加快了我国信息化的发展。1G 时代,通信采用的是传统模拟信号的传输,时刻面临着安全性及干扰问题等,且当时各个国家制定的通信标准不一致,直接导致通信难以全球化。随后发展出来的 2G 由传统的模拟调制信号升级至数字调制信号,因数字信号的出现,移动手机实现上网功能,但传输速率很不理想,每秒只有 10—15kb。随着人们经济生活的丰富,在移动终端的普及下,人们对于网络传输速率的要求也越来越高。因为 2G 的网速无法满足大量图片及视频的传输,于是 3G、4G 也相继应运而生,前者将信息传输速率提升了一个等级,并逐渐使登录互联网成为移动终端的重要功能,移动互联网的概念也是在这个背景下产生的。后者的出现和普及,是为了满足用户对于高速移动互联网的需求,与上一代技术相比有了大幅提高。但随着 iCT,行业的快速发展,移动用户量出现爆发式增长,以及物联网等设备的登场;未来数据流量必然会呈爆发指数级增长。目前日常上网所需流量虽然不算高,但如今在线音乐、视频、游戏等,以目前的网络承载传输能力将无法完成。为从根本上解决运营商提供能力不足与使用需求增长的矛盾,5G应运而生,并身兼重任。

5G网络具有三个特点。一是高速率。下行峰值速率可达20Gbps,上行峰值速率可达10Gbps。随着互联网的飞速发展,用户的体验将大幅提升。5G时代可以推广对网络速度要求高的业务。比如云十虚拟现实的项目,关注度有增无减,依靠5G的高速率,云十虚拟现实或许能够实现健康良好的发展。二是延时低,5G在高速移动场景中支持最小延迟为1毫秒、可靠性为99.999%的连接。超低的延时为远程医疗、智能制造及无人驾驶等场景带来了无限可能。三是连接数量大,5G将在标准范围内连接更足量的物联设备。5G网络不仅能够让个人用户、企业用户和工业智能设备单独使用,还可以将三者相互连接起来,实现人类与万物的智能互联。

(三)人工智能的进化

利用机器不断地感知和模拟人类的思维过程的技术被称为人工智能,它使机器能够达到甚至超越人类智力,并帮助处理人类无法处理的难题。在人工智能诞生60年来,各界专家和研究人员进行了大量的探索和实践,人工智能的发展也并非一帆风顺。该技术于1956年夏天在达特茅斯学院举行的一次学术会议上被提出,这标志着人工智能科学的正式诞生。从1956年到20世纪60年代初,机器定理证明、跳棋程序等研究的成功极大地提高了人们对人工智能的关注。然而,在接下来的10年里,对人工智能的过分追求和期望也导致太多不切实际的研发目标,浪费了大量的资金和人才。比如,用机器来证明功能问题,依靠机器进行实时翻译等,随着科技的发展与社会的需求逐渐脱节,这些项目也就自然而然地失败了,这些失败也使得人工智能的发展陷入困境。20世纪70年代,人工智能才得以从理论研究走向实际应用,通过进化后的系统模拟人类的专业知识和经验,解决特定领域的问题。从而取得成功、推动人工智能走入应用发展的新高潮。

随着技术的不断进步,如今人工智能在算法、数据挖掘和算力三个方面都得到了大幅度提高。专家系统及算法的进化也让人工智能完成了如远程手术、无人驾驶等高精度工作,目前人工智能专家系统可以根据不同行业的需要进行不同领域的深度学习。人工智能技术的发展正驱动着产业内劳动力、工作方式及工作组织形式等多方面的变革。首先,人工智能能够通过辅助人类活动有效降低工作门槛,实现工作方式的智能化变革。其次,人工智能能够更稳定而高效地完成任务,能够胜任部分人类工作,实现劳动力的智能化变革。最后,通过突破人类思维,人工智能能够创造新的流程、方法或产品,实现工作组织形式和应用方式的智能化变革。

(四)区块链带来的信任

目前,区块链已创造出新的计算范式和协作模式,使用者能在不可信的竞争环境下以最低成本(边际效用趋于0)建立信任。它以其独特的信任构建机制,实现了信任的渗透监督和逐步传递。因为区块链技术是由多方共同维护的账本技术;使用密码学来保证传输和访问的安全性;能够实现数据存储的一致性、不易被篡改、不可抵赖,又被称为分布式账本技术。典型的区块链技术是将数据存储在分布式数据库中,所有的数据均按时间顺序端到端地连接起来存储于该网络上的所有节点内,这样数据就不会被篡改,并且可以追溯到源。作为在不可信的市场竞争环境中建立低成本信任的新的计算模式和协作模式,区块链正以其独特的信任建立机制和运作规则改变着众多行业的应用场景,是未来数字经济发展和新的信任体系建设不可或缺的技术之一。

随着区块链技术的快速发展、应用普及和基础设施的逐渐完善,未来其在助力数字经济发展方面将成为数字经济的基础设施。根据区块链技术发展历程,人们可以从区块链发展的路径来窥探未来发展的趋势。

1.区块链1.0时代

在区块链应用层创新性地出现了加密数字货币,充分说明区块链进入虚拟货币时代,其中包括虚拟数字货币的支付和流通。在区块链 1.0 时代,区块链技术的主要功能是分布式的虚拟数字货币交易,目的是实现货币的点对点去中心化支付。

2. 区块链 2.0 时代

以太坊的出现让区块链直接跨入了区块链 2.0 时代,它也可以被称为"区块链智能合同时代"。在早期虚拟数字货币的基础上,以太坊创新地将虚拟货币与智能合同相结合,这种方式将会为金融领域提供非常广阔的应用空间和场景。

3. 区块链 3.0 时代

如果区块链 1.0 时代是区块链技术萌芽时期,区块链 2.0 时代是区块链在金融领域的应用期与智能合同技术的应用落地期,那么区块链 3.0 时代就是以解决各行业之间的相互信任和数据安全问题为目标的。在区块链 3.0 时代,区块链可以在金融行业之外的各种应用场景中落地,并且能够满足复杂的业务逻辑。它将被应用于政府、卫生、科学、教育、文化和艺术等领域,以及"区块链+人工智能"。它不再依赖从第三方或某些机构获得信任和建立信用,以实现提高整个社会系统的运转效率。

4. 区块链 4.0 时代

在区块链 4.0 时代,现实物理世界与利用区块链技术实施搭建的虚拟数字世界能够一一对应,能够进行资产交互。通过技术将物流、信息流、资金流贯通,获得区块链线上收到交易款、物理世界线下收到货物的交易效果。区块链 4.0 时代被称为物理世界与虚拟世界长期互促并存的时代,也可以看作实体经济与数字经济共生发展的新纪元。

(五)云计算的高效

云计算概念由 IBM(国际商业机器公司)和 Google(谷歌)于 2006 年联合推出。在近年的发展过程中,云计算从被质疑到成为影响整个商业模式及下一代 IT(互联网技术)行业的标准,已不仅仅是一种技术概念。虽然在发展过程中还有许多不成熟的地方值得探索,但云计算在诞生的头十年就正式成形,并得到了广泛的接受和实践。在数字经济时代,人们正处于一个新的历史阶段,数据将呈现爆炸性的指数增长,人们对计算的需求将大大增加,同时又希望随时随地都能得到想要的数据。这一需求的实现将直接推动云计算成为数字经济时代一个新的信息基础,并支持下一个数字经济发展浪潮,将人类推向数字时代。

中国在云计算的应用方面从互联网行业向政务、金融、工业等传统行业扩展,这从侧面说明了中国对数字技术的重视日益增强。目前,政务行业是中国云计算应用最成熟的领域之一。全国90%以上的省级行政区和70%以上的市级行政区已经完成政务云平台的搭建。在国家政策引导下,工业云能更好地推动产业现代化建设,各地方政府也开始进入产业云发展规划阶段,积极推动产业云的进步和增长。云计算正逐渐成为政府及企业实现数字化转型的重要信息基础。从政府应用角度来看,云计算除了能够有效减少政府信息孤岛现象外,还能实现数据共享和共治,通过电子政务云平台,可以提高电子政务信息共享效率,扩大政府信息共享覆盖范围,实现全面的政府信息综合管理。依托云平台,有效推广"互联网+"政务服务,能极大地提高政务服务的便捷性。对企业来说,信息化已经成为许多传统企业的短板。云计算可以显著降低企业信息化建设成本,有效降低企业信息化的时间成本和资源成本,逐步颠覆传统行业的IT部署模式,并成为互联网产业发展的增长点[①]。此外,云计算资源池的共享机制,能够有效帮助企业降低运营成本等。

(六)大数据的扩展

大数据本质上其实是对目前人类无法处理的大规模复杂数据的总称,这些数据是无法通过人类自身来处理和分析的,但可与人工智能配套使用。随着中国数字经济的快速蓬勃发展,一体化应用不断深化,数字经济的数量和质量得到了极大的提高,经济的创新驱动和集成驱动作用效果得到了显著提高。2014年3月"大数据"一词首次被写入政府工作报告,为中国大数据开发的政策环境提供了有力支撑。大数据逐渐成为各

---

① 互联网周刊编辑部.郡州总裁徐逊晟:5G+云+AI数字经济新时代的引擎[J].互联网周刊,2021(3):60.

级政府和社会各界关注的焦点,中国政府也开始积极出台相关扶持措施,沙盒式的发展模式也为大数据的发展创造了机遇。国务院于 2015 年 8 月 31 日正式发布的《促进大数据发展行动纲要》,是中国正式出台的第一份大数据战略指导文件,其中详细介绍了我国大数据的总体发展情况,包括大数据产业的战略部署,反映了我国为大数据的发展进行了顶层设计和统筹部署,从而推动大数据产业健康快速发展,为建设数据强国提供有力支撑。

(七)数据的资产化

数据资产的概念是从信息资源和数据资源的概念逐渐演变而来的。在计算机科学快速发展的背景下产生的信息资源,具备了与人力资源、物质资源、财力资源和自然资源同等重要的资源属性。在一个组织中,高效地管理信息资源是非常必要的。数据资源的概念诞生于 20 世纪 90 年代,随着政府和企业的数字化转型,它是数据聚合到一定规模后形成的具有一定意义的资源。数据资产是在 21 世纪初大数据技术兴起的背景下产生的,随着数据管理、数据应用和数字经济的发展而普及。

中国信息通信研究院发布的《数据资产管理实践白皮书 4.0》,将数据资产定义为能够为企业带来经济效益并且由企业拥有或控制的以一定方式记录的数据资源。这一概念强调数据的资产特性,期望为数据所有者带来经济利益。随着数据管理技术的变革,企业数据资产的概念边界也在不断扩大。在文件系统的早期阶段,数据以文件的形式存储在磁盘上,数据资产主要指这些存储的文件。在数据库和数据仓库的发展阶段,数据资产主要指结构化数据,包括业务数据和各种分析报告,用于支持企业的运营和高层决策。在数字经济时代,随着分布式存储、分布式计算和各种人工智能技术的应用,结构化数据以外的数据也被纳入数据资产的范围,数据资产的边界扩展到可以覆盖大量的标签数据库、文档、图片、视频和其他一切可被数字化的数字内容。

二、数字经济"5ABCD＋"发展模式构建

一般来说,数字经济的可持续发展＝5ABCD＋实体经济。"5ABCD＋"模

式下数字经济将快速发展并实现产业拓展,有了良好的硬件基础后,再进行软件层面的研发与升级,进而提升数字经济的整体规模。

5＝5G(第五代通信技术)、A＝AI(人工智能技术)、B＝BlockChain(区块链技术)、C＝Cloud(云计算技术)、D＝Date(海量大数据),只有将这些新兴数字技术与实体经济及传统特色产业有机结合,达到深度融合发展,才能有效提升数字经济的发展水平,进而提升整体经济水平。我国应根据社会发展实情和社会需求,实事求是地发展新技术,以新技术、新视角、新理念来重新审视数字经济这个新动能。

在此发展模式中,互联网被作为最底层的传输平台,可在PC(个人电脑)端之间及云端和数据库之间传输数据;而5G作为新一代移动通信技术,除了在移动终端间传输数据外,还在未来数以亿计的物联网传感器与云端之间传递数据。物联网传感器数量指数级增长的同时也带来了海量数据,这个海量数据是多维、立体、实时的。但数据库中的数据还不能被人们直接利用,所以人们要通过人工智能与计算机进行人机交互,让计算机帮助人们在海量复杂的大数据中精准锁定需求数据,进而达到影响决策或数字治理等目的。数字经济正朝着智能化逐步发展,而作为整个数字经济系统的组成基础设施,区块链有着其特殊的意义与作用。未来所有数据将采取分布式的存储结构,并以时间轴为准将所有数据块形成首尾相连的链式结构来传输数据。因为区块链技术的特性,所以数据拥有归属权,也具有唯一性、不可篡改性和可溯源性。

各地应继续在ICT领域增加投资,以完善数字经济基础设施的搭建与升级;一方面加速传统产业的数字化转型,另一方面收集海量数据为新一轮的发展奠定数字资本基础。"5ABCD＋"将是未来数字经济发展的新模式,只有将5G、人工智能、区块链、云计算、大数据等新兴数字技术综合配套运用,为数字经济的发展提供良好的软硬件支撑,数字经济才可能趋于实现智能化、自动化及数据资产化。

三、对保障"5ABCD＋"发展模式的建议

本书对保障"5ABCD＋"发展模式的建议包括以下几个方面。

第一，健全组织保障机制。我国应继续扶持大数据的挖掘与开发公司、大数据应用研究院、数字经济研究院、大数据流通中心、数据交易所等平台机构和大数据专家咨询委员会配套发展和运营，为数字经济发展提供有力支撑；继续完善考核机制，把发展和建设数字经济作为领导考核的内容；要建立规划实施评价体系，通过大数据统计指标体系和统计分析体系，结合第三方评价、社会监督评价等多种方法，科学评价规划实施效果，定期对规划实施情况进行监督和检查。

第二，完善相关法规体系。我国应继续加强政策、监督和法律的协调，加快与数字经济相关的法律法规建设，根据国家有关法律法规，推动地方相关法律法规出台，促进各地数字经济的发展；制定关于数据相关的资源确认、开放、流通和交易等相关制度，继续完善数据产权保护制度；通过不断深化、完善和修订已出台的政策及规划，逐步形成比较完整的适合少数民族地区发展的数字经济发展保障体系。

第三，加强财政金融支持。我国应继续执行促进大数据开发和应用的措施，从而推进数字经济基础设施建设、数据中心开放、资源开发利用，实施对金融企业经营支持、科技研发支持、企业融资支持、人才引进和人才培养等措施于一体的多方面发展，补齐短板。政府可设立特别基金，以支持整合公共信息基础设施和政府信息系统，鼓励推进"5ABCD＋实体经济"融合发展模式，通过加大对新兴数字技术的投资推动数字经济的稳步发展。

第四，加快人才的培养与引进。我国应继续加快各高校的数据库应用建设；支持区域性大学开设与数字经济相关的专业，开展数字专业教育，培养数据分析员、数据咨询师和其他专业人员。鼓励各地高校与国内外知名科研机构联合办学，建设数字经济研究和人才培养基地。企业和高校通过订单式人才培养，将输出大量数字素养较强的人才。除此之外，我国也应继续加强管理干部的培训，提高各级领导干部对数字经济的认知与管理能力。管理者可通过数字经济项目，继续为数字经济领域引进高端专业人才和团队。

第五,继续推进国际国内合作。我国中西部各地应依靠区域优势,积极将发达地区的各项数字经济资源融入本地进行协调发展;鼓励本地的企业和行业组织参与国际国内大数据交流活动和大数据的标准化工作,并在制定相关规则时提高发言权。此外,各个大城市的管理者还应继续加强本地区的数字经济能力对周围区域的服务能力及辐射能力,从而开拓国际数字市场,进一步增强本地区的数字经济实力。

第四节　经济结构发展视域下地区发展数字经济的对策建议

一、数字经济发展方向

在我国区域协调发展、各地区产业结构调整方面,数字经济的影响已经越来越大。各地区要大力发展数字经济,以促进经济结构发展。根据数字经济的发展趋势来看,未来各地区数字经济的发展应分为三个层面:数据的生产与挖掘、数据的存储与传输、数据的处理与价值再创造。同时,数据作为数字经济中的核心,重新诠释了使用价值的三要素在数字经济中的体现。

传统观念认为,某事物的使用价值与其事物的固有属性相关,该价值的大小也只与其品质特性有关。这很好理解,5元钱2升的矿泉水一定比1元钱500毫升的矿泉水要贵。实际生活中,这样的理解失之偏颇,某事物的使用价值除了与该事物本身的品质特性有关之外,同时还应与该事物的使用主体及使用环境相关,如一瓶矿泉水对于矿泉水厂员工,其价值一定小于这瓶矿泉水对于沙漠中急需水源的人。所以某事物的使用价值,将综合取决于使用该事物的主体的品质特性,以及该事物客体的品质特性。传统观念认为只有生产领域创造使用价值,流通领域不创造任何使用价值。但随着社会生产力的不断提高与进化,未来社会分工将越来越细且垂直于各领域,致使流通领域在商品生产过程中的地位逐渐凸显,流通领域内新出现和分化出的岗位也将越来越多。如阿里巴巴不仅为中国电子商务提供了一个线上交易平台,而且在线下也带动了一大批物流企业的快速发展。随着数字经济的发展,在未来,最终流通领域将成为创造使用价值的关键领域。数字经济中的核心即数据,通过生成与挖掘、存储与传输、处理与流通后产生新的价值,最终再被利用于实体经济,这一过程就是使数字经济能够良好运行的机理与基础。

(一)数据的产生与挖掘

通过前文对数字经济的概述可知,在以比特为单位的虚拟数字世界中,数据的丰富性带来的价值与传统实体经济中以稀缺性为前提假设的经济学模型相反。所以生成与挖掘出的数据体量越大,后期处理后得出可利用数据的概率也就越大,进而数据对实体经济的辅助与决策预判作用就会越强。在数据的生成与挖掘层面,不得不提及两个重要的数字基础设施,即物联网与人工智能。大量的物联网前端硬件采集到足够多的数据后,可实现软件与硬件的无缝衔接,以人机交互的方式,让人工智能辅助人类来挖掘海量数据中对人们有价值的数据。

(二)数据的存储、传输及处理

云计算的出现使得整个 ICT 行业的发展进入了一个爆发期,因为云端处理数据的云模式比线下实体购买设备或建立机房等传统模式更具有可持续发展的潜力,在大幅降低了 ICT 行业门槛的同时,也大幅降低了数据传输的成本及在线处理的成本。同时,互联网被建设为底层数据传输平台,可在 PC 端之间及云端和数据库之间实现数据的高速与高效传输。5G 作为新一代移动通信技术,除了在移动终端间传输数据外,还在数以亿计的物联网传感器和云端之间进行数据传递。解决了数据传输问题后,对于数据的存储结构来说,区块链不失为一种很好的解决方案。其技术特性,即通过块状数据结构以链式相连接并在每个区块内嵌入时间,能够保证采集到的数据具有很好的可利用性、可溯源性及安全性。

(三)数据的流通与价值再创造

数字经济的最上层为数据的流通及价值的再创造。与传统的货币流通一样,当某些数据的内涵丰富至能影响到某些领域或行业未来的发展与决策时,这些数据就有了很大的价值。但如果没有人工智能帮助人们挖掘人类本身无法处理的海量数据、没有互联网提供的数据传输、没有区块链技术为数据提供的保障性、没有云计算带来的便捷及可操作性,数字经济的发展一定会步履维艰。反过来,如果这些新一代数字通信技术作为数字经济的基础在各地区得到良好的发展,那么未来在设立数字资产交易所的前提下,打破数据孤岛、让数据流动以产生更大价值,就能被实现。

二、数字经济发展建议

依据我国各地区的独特优势与条件,结合"5ABCD＋"发展模式,区域性数字经济发展可从几个方面着手进行:

(一)工业数字化方面

首先是继续扩大产业规模。除了通过低成本优势扩大产业规模外,中西部地区的管理者还应从本地区区位优势出发,继续扩大低电价优势(风能、太阳能等自然能源优势),能够在金属冶炼、数据中心等高能耗行业中得到充分发挥;在低碳发展模式的前提下,还可通过积极响应国家政策,增加投资吸引大型资源型产业,继续扩大工业产业规模。

其次是继续完善产业链。扩大和完善产业链是实现资源转化增值的根本途径。一是管理者应结合本地区资源转化的增值效益的特点,从这方面加以努力,拓展新的产业增长点,进一步完善产业链。这样就能在突破原有工业水平的同时;进一步完善产业链及深加工水平。管理者必须通过垂直延伸、水平匹配和耦合扩展来拉长产业链,以形成产业集群。以产品终端化和高端工业化为目标;向下游延伸,以深加工为主要方向;增加投资,发展产业链。二是各地应拓展新材料发展方向,尽快制定和实施新的发展战略,突出产品的新模式、新技术等,促进资源型产品向高端新材料升级;逐步开发资源,以达到资源的合理利用,以及对资源的精细控制。

最后是在前两者的基础上加快工业互联网的部署。各地应利用工业互联网、物联网及 5G 等新技术加快工业互联网网络基础设施建设,并继续促进网络速度提高和费用降低。数字基础设施的逐步完善,能够提升劳动力、土地、资本、管理及技术等要素的重组与提效,将进一步影响未来工业数字化转型的发展方向。

(二)农业数字化方面

农业是任何一个国家的基本产业,如果一个地区的农业资源丰富,绿色农产品优势就更为明显,而这是新时代农业最为重要的数字化基础。在数字经济时代;运用"5ABCD＋"模式推进发展绿色农业、智慧农业、数字农业无疑是最佳的选择。新技术的出现与不断下沉的应用场景也为智能农业的发展创造了良好的基础和条件。在立足加快地区性数字农业的新起点上,管理者应努力探索以生态优先、绿色发展为导向的高质量数字化农业发展新道路。以数据为核心的农业数字化发展,将对地区性数字农业的发展产生重要的影响;积极探索数字新技术与传统农业深度融合的发展路径,特别是运用"5ABCD＋"发展模式使传统农业全产业链提效降本,这是目前解决地区性农业发展问题的一条有效路径。例如原材料的购入,从种子到化肥,种牛到乳牛等所有的可商业化信息都将存于云端,通过网络进行高效传输,这样农民能轻松地在互联网上买卖与土地相匹配的种子及化肥,或能通过定制牛、猪的性别来精准化生产等。在"5ABCD＋"模式下的生产过程中;通过前端大量的数据传感器收集相关数据,如在土地中嵌入传感器,收集玉米等作物在生长过程中的环境温度、土地湿度、土壤成分等实时数据;在每头奶牛耳部嵌入传感器;对奶牛每日进食等数据进行实时监控,然后将得到的数据以区块链形式存储后上传至大数据平台,利用人工智能进行综合分析及管理。这些繁多的数据,从云端到本地,通过 5G 网络的加持,就可以使效率提高,使成本相对降低,并且能够得出一系列关键生产要素数据,如什么环境下玉米的产量最高等,一改以往的粗放型生产方式,达到精准化、标准化生产。通过这种精细化发展模式,地区性数字化农业就能得到快速发展,并以点带面,最终形成数字化农业产业链,形成规模性的数字农业经济。

(三)数据资产化方面

目前,我国一些典型的数据资产中心采取"111N"的运营模式,即建立一个专业的数据资产评估中心,建立一套领先的数据资产评估标准体系,建立一个多方参与的数据资产评估联盟,提供 N 种创新的数据资产评估服务。依托这类数据资产中心,管理者就可以加快建立权威、规范、客观、有效的数据资产评估体系,科学评估和定价数据资产,探索建立数据资产评估行业标准,促进数据资产评估工作规范化、标准化,为国家性或地区性大数据的顶层设计和规划提供依据;同时立足本地区,面向周边区域乃至全国提供服务,为区域性数字产业的发展做出更大贡献。

在进行这类产业发展调研时,通过实地调研发现,目前有些地方的一些企业已完成数字化转型或正在转型过程中。即从以往的粗放型生产开始转为由新一代数字技术作为支撑的数字化精准生产及管理,但当地未设立具有权威性及规范性的数据交易平台。此外数字技术除了应用于农业及工业外,还可以在各地的服务行业深入发展。一些地区在运用"5ABCD+"发展模式的同时,还应大力发展地区性数字基础设施建设,通过收集足够的前端数据来综合分析,从而得出关键生产要素的数据。得到的这些数据虽然很关键,但这些数据还需要流通,才能提升其价值。因此数据交易平台的建立打破了数据过于聚集而导致的"数据孤岛"现象,大大提高了地区性数据要素驱动下数字经济的发展。尽快建成相关数据交易平台,为本地区数字经济的增长提供有力支撑,对周边区域也能起到良好的示范作用[①]。

综上所述,本书对数字经济发展的研究,是将地区性数字经济的发展置于全球数字经济发展的大背景下,依据梅特卡夫法则、摩尔定律、达维

---

① 李勇坚.我国数字经济发展现状、起势及政策建议[J].科技与金融,2021(11):24—33.

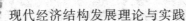

多定律等数字经济相关理论,对一些地区大数据特色产业基地发展情况的调研基础上展开的,也是在对地区性数字经济的 SWOT 分析的基础上和充分分析相关区域发展现状与问题、优势与劣势、机遇与挑战的基础上,构建适合地区性发展数字经济的"5ABCD＋"模式的。此外,本书还对此模式的运行逻辑及机理适切性的视角和技术层面进行了解读,提出了运用"5ABCD＋"模式推进地区性工业数字化、农业数字化、数据资产化方面的建议,借此让各地能充分把握当前关于数字经济发展的一系列机遇等。这样,一方面,能使数字经济在本地区的发展变得更加合理,有利于经济增长和有效缓解"数据孤岛"现象;另一方面,还能进一步发挥本地区自身优势,引领其传统经济的转型升级,实现经济高质量发展。

第六章 经济增长新动能：
数据要素与人工智能要素

从社会生产活动的角度,宏观经济结构变迁的主要表现是新兴生产要素不断替代传统生产要素。新兴生产要素之"新"与传统生产要素之"旧"都是相对的。18世纪末期第一次工业革命的过程,本质上就是资本这一当时的新兴生产要素替代劳动力这一传统生产要素的过程。而对于当前的中国经济来说,经济增长的新动能主要表现为两类新生产要素:数据要素与人工智能要素。数据要素在很大程度上替代了传统资本与信息和通信技术(ICT)资本,而人工智能要素中的一部分逐渐替代成本不断增长、规模扩张缓慢的劳动力,另一部分则形成了一种新的无形资本。由此可以得出推论:中国经济增长的动能,在一定程度上也是向数据与人工智能这两类转换。本章着重介绍两类新生产要素进入生产过程的理论基础及其现实意义。

第一节 第一类新生产要素:数据要素

一、数据要素的诞生背景

进入21世纪以来,数据和信息等虚拟资源和要素对个人行为、企业决策、产业发展以及经济增长的影响不断增强。随着近年来数字经济的高速发展,尤其是社会生产过程的广泛网络化、数字化与智能化,数据的生产要素属性已得到政策界、学界和商界的全面重视。2019年10月,中国共产党第十九届四中全会提出,要进一步健全劳动、资本、土地、知识、技术、管理、数据等生产要素由市场评价贡献、按贡献决定报酬的机制。

2020 年 3 月 30 日,《中共中央国务院关于构建更加完善的要素市场化配置体制机制的意见》发布,明确提出要加快培育数据要素市场,推动政府数据开放共享,提升社会数据资源价值,加强数据资源整合和安全保护。无论是国内还是国外,与数据相关的立法也在加速确立。2018 年 5 月,欧盟出台《通用数据保护条例》(General Data Protection Regulation,GD-PR)以规范互联网及大数据企业对个人信息和敏感数据的使用;美国国会正在研究更加专业和具体的数据保护法律;而中国也于 2021 年 6 月 10 日通过了《中华人民共和国数据安全法》,并于 2021 年 9 月 1 日起正式实施。以上诸多证据表明,数据作为一种新型生产要素在国民经济中发挥的关键作用已得到充分肯定。

从社会科学研究的角度,数据经济(Data Economy)已经成为经济学、统计学和社会学等相关学科关注的热点问题之一。美国社会科学联合会(Allied Social Science Associations,ASSA)在其 2020 年年会中专门举办名为"大数据,国民账户和公共政策"的子论坛,重点讨论数据在宏观经济层面的核算和应用等问题。《经济文献杂志》(Journal of Economic Literature)等一批国外顶尖经济学期刊都在刊登专文介绍数据与宏观经济相关研究的最新进展。在中国,随着数字经济的迅速发展,数据及其相关技术、产品和服务对于经济增长的重要意义得到了广泛关注,专门分析数据生产要素的一类经济学研究已然兴起。

在已有研究中,对于数据生产要素的学理性探析居多,在模型构建、统计测算和实证分析上虽有一些尝试,但此类研究的研究思路、分析框架和关注重点都存在很大差异。其中一方面是因为数据本身具有虚拟性、非竞争性和公共品性质等使之难以统计测度的基本特征;另一方面是因为当前的国民收入核算体系(SNA)中对信息和数据的统计存在一定缺失。

二、数据要素:定义与内涵

本章对于数据要素定义如下:以信息和通信技术为基础的,以统计分析、机器学习和人工智能等数据处理技术为应用手段的，以现代信息网络和各类型数据库为运输和存储载体的，具有生产要素属性的数据、信息和其他数字化内容。这一定义主要基于以下四个方面的考虑。

第一，信息和通信技术是数据得到广泛使用的技术基础。自20世纪末期以来信息和通信技术的迅速发展，使得利用经济主体积累或购得的信息与数据指导企业决策、产业发展和政府施政成为可能。数据、信息等是否以信息和通信技术为基础，决定了它能否依托网络；数据、信息等是否经数据库标准化，决定了它们所能发挥的作用的大小。2022年，我国依托信息和通信技术支持的数字经济占国内生产总值的比重已经达到41.5%。

第二，统计分析、机器学习和人工智能等数据处理技术是企业使用数据生产要素的基本工具。现代化社会经济活动的不断运转必将产生海量数据，想要将这些数据运用于企业决策和生产活动，就需要运用专门的信息处理技术。统计分析最为传统、普遍，是数据处理技术的基础，被广泛用于分析成本变化、市场情况和消费者趋势等各类影响企业决策的问题。随着信息和通信技术的发展，机器学习和人工智能等自动化技术被越来越多地用于数据处理，进而影响企业决策。本章对机器学习和人工智能的分类依据基于其在决策中的角色：传统的机器学习通过大量的数据观测找到趋势和模式，并形成预测，支持决策；深度机器学习和人工智能则不止于寻找数据特征，而且要直接发掘埋藏的点子和策略，寻找最优决策。

第三，现代信息网络和各类型数据库是数据生产要素的传输和存储载体。未连入信息网络的数据作为数据要素的价值极其有限，且未进入数据库、没有得到有效归类和整理的数据不能同其他数据一起发挥优化商业决策的基础性作用。根据中国软件行业协会公布的数据，随着信息技术和市场的发展，中国数据库软件市场规模得到迅速扩张，2009年中国数据库软件市场规模仅为35.03亿元，到了2021年中国数据库软件市场规模已超过270亿元。与此同时，与数据库相关的硬件市场规模也在不断扩张。

第四,生产要素性是数据要素的核心属性。具体来说,只是被简单堆积和储存的数据不能直接成为数据要素,只有经过处理的、能够为新的生产过程所用的数据才是数据要素。此类数据具有无形资本的各项基本特征,对企业盈利、产业升级和经济增长的贡献正在逐渐赶上甚至超越传统生产要素,如劳动力、资本和土地。

三、数据的生产要素性

数据作为一种生产要素该如何定义,主要取决于数据进入生产过程中的具体方式。本节重点描述了企业在生产过程中如何产生和使用数据,以及数据对经济增长的溢出效应。基于数据进入生产过程的两种不同方式,强调数据处理技术在数据相关生产过程中的关键作用,总结出数据作为生产要素的几个关键性特征,并以此为基础定义数据要素。之后,将数据要素与ICT资本和知识资本这两类关系密切的资本类型进行比较和区分。

除数据外的各项生产要素中,劳动力、资本、土地等传统生产要素一般作为直接进入生产过程的直接物质性要素,知识、技术、管理等新要素在大多数情况被看作能够影响生产组织形式和生产效率的虚拟要素。从形式上来说,数据要素和后三类虚拟要素更加接近,已有文献也更为强调数据作为一种间接投入,通过和其他生产要素联动发挥促进产业升级和经济增长的作用。然而,随着新信息技术尤其是数据处理与应用技术的进一步发展并应用于生产,数据开始作为和劳动力、资本以及土地一样的生产要素直接投入生产过程。采用这一生产模式的企业也多处于新兴行业或在传统行业拥有领先地位,如以百度、阿里巴巴、腾讯以及脸书、亚马逊、苹果、网飞、谷歌为代表的中美互联网头部企业,它们在数据的搜集、整合、处理和使用上相对于其他企业就具有明显优势。

数据直接进入生产过程的方式有两种。第一种方式可以被称为数据驱动的决策过程。在这一生产过程中,生产者直接将数据作为一种初始投入，采用信息和通信技术等整合与处理数据，再采用数据科学知识和数据处理技术对数据进行分析，基于分析结果给出具有可操作性的经济决策、商业判断或生产用知识，根据这些判断进行或中止商业行动，改进或升级生产过程。而数据对于生产活动带来的附加价值就体现在这些行动或过程的经济回报上。已有实证研究表明，采取数据驱动的决策过程的企业的盈利能力和生产率要显著高于同一行业中没有使用数据驱动的决策过程的企业。

数据进入生产过程的第二种方式是其同时作为生产的中间产品和最终产品或服务。这一生产过程主要在信息技术、商业媒体和投资咨询等行业得到应用。在这一生产过程中，生产者投入人力和资本搜集、购买或自身生成大量原始或原生数据，在对这些数据进行清洗、筛选、积累和分析后，形成可以直接被使用的数据产品或数字化服务。之后要么直接使用这些数字产品或服务（消费或者被投入进第一种生产过程）以获得经济价值；要么直接将数字产品进行出售，或与其他产品（可能为数字产品，也可能为非数字产品）打包出售给企业、政府和消费者，供这些经济主体生产或消费。

在数据进入生产过程的第一种方式中，经济主体直接使用数据以及数据分析得到的结果来改进商业决策和经济行为；在第二种方式中，经济主体将数据作为一种内含价值的可交易商品或服务，侧重于对数据本身的价值进行挖掘，是基于信息技术发展的、对原始和原生数据的一种再创造。以上两种方式同时存在，并且随着信息和通信技术等的发展，采取以上两种生产方式的企业数量都在不断增加。通过第一种方式投入生产的数据可能来自本企业，也可能来自数据供给企业通过第二种方式生产的数据。

除直接进入生产过程外，数据对于社会生产活动还具有十分突出的间接作用，表现为数据及相关技术对于生产过程和社会发展的溢出效应。

首先，数据能够优化其他生产要素的使用过程，提高要素使用效率和不同要素之间的结合效率。例如，基于人力大数据进行的人力资源管理能够提高人力资源测评的效率和准确度,帮助企业更快地(一般来说也是成本更低地)从就业市场迅速锁定合适的求职者,提高人才搜寻效率和就职率。又例如,3D打印和人工智能技术减少了从工业设计到工业品生产之间所需的步骤,提高了知识、技术和资本这几类生产要素之间的结合能力。此外,自动化技术则通过将生产数据和传统物质资本相结合,在一定程度上起到了用机器人和人工智能替代劳动力和人力资本的作用。

其次,数据、信息和通信相关的基础性技术和大数据、云计算、机器学习、人工智能等数据处理和分析技术具有显著的通用目的技术(GPT)特征,具体表现在其通用性(能够广泛运用于各种生产过程)、渗透性(能够迅速扩展到社会生产活动的各个方面)、与其他技术的互补性,以及对于创新的强烈启发性上。数据相关的基础性技术提供了新的智能化、数字化生产工具,并以数据资源为主要生产对象推动经济转型升级和社会变革。此外,通用目的技术是产业革命中的关键共性技术,具有多种应用场景和广阔发展空间。从初期的特定应用最终扩展到多个部门广泛应用,具有溢出效应,能促进生产、流通和组织方式的优化,在产业转型和经济增长过程中发挥着乘数倍增的作用。

数据生产要素对其他生产要素的促进作用和数据处理技术的通用目的技术特征,使其在实际生产过程中发挥的作用远大于直接进入生产带来的经济回报。因而在微观建模时,应充分考虑数据生产要素的此类特征。

四、数据要素的基本特征

数据直接影响企业决策和生产效率,数据生产要素对其他生产要素的促进作用,以及数据处理技术的通用目的技术特征,共同促使数据成为一种在数字经济时代几乎不可被替代的重要生产要素。已有文献的分析中对于数据生产要素的特点有一定关注,但是此类研究大多缺乏整体性,仅关注数据在生产中的某一项具体特征。例如,奥登斯等研究提出信息和数据作为经济活动的副产品被企业用于降低不确定性,帮助企业管理层作出更好的经济决策。琼斯和托内蒂认为,数据既是生产过程的副产品又是投入,不同的数据所有权将带来不同的经济增长结果。维尔德坎普等比较数据和技术这两类生产要素,提出二者的共同点在于均能帮助企业提高生产率和盈利能力,且均具有非竞争性;而二者的差异则体现在投入生产过程的方式和产权保护上,相较于技术而言,数据的生产和使用成本要低得多。

根据上文对于数据的生产要素属性的分析和已有文献的研究结论,可以总结出数据要素的以下六项基本特征。

第一,数据要素是一种虚拟资本。企业拥有的数据在很大程度上类似于一种无形资产,因此从生产要素的角度可以看作一种虚拟资本。这种相似性体现在:不具有实物形态、属于非货币性中长期资产,大多数情况下为企业使用而非直接出售,在创造经济利益方面存在一定不确定性,可以被重复利用,与企业的有形资本之间互相促进又无法完全替代彼此。

第二,数据要素中的很大一部分衍生于企业生产与运行过程。数据要素来源于数据,而数据则大部分来源于企业自身的产出。也就是说,企业使用的数据在大多数情况下是自身生产和运营过程中产出的,是生产过程的副产品,在生产过程中使用到的数据仅有少部分是从市场上购买的,因而复制和转移的成本都相对较低。从这个角度来看,数据生产要素有点类似于知识,只是知识的产生和积累过程更加抽象,而已有文献已经将知识作为一种特殊类型的资本看待。

第三,数据要素作为资本类生产要素的突出特征是其低廉的成本。同传统物质资本与 ICT 资本相比,积累数据要素的成本主要体现在数据库的建立和数据处理技术的使用上,获取和积累数据本身并不需要花费太多的成本。当然,数据要素的相关投入,尤其是在 ICT 资本上的投入可能也并不低廉。

第四,数据要素在其数量上体现出低折旧的特点。由于数据主要储藏于数据库和网络云空间之中,只要企业持续支付单位成本并不高昂的维护和储存费用,就能够几乎永久性地保留企业生产过程中产生和获得的大量数据,因而数据在传统意义上的折旧几乎可以忽略不计。数据另一层意义上的折旧,则在于旧的数据本身虽然"完好如新",但其对企业在新市场环境下作出决策的帮助却已大不如前,这一点在后续建模过程中会进一步说明。

第五,数据要素具有很强的可流动性。数据要素相对于劳动力、资本和土地其流动性优势自不必赘述;即使是与同为虚拟资本的知识、技术以及管理相比,数据要素的资源和算法的编码都高度标准化,依托信息和通信技术尤其是 5G 技术的高速发展,数据要素转移和交易的直接成本在大多数情况下等同于企业使用网络服务的费用,转移速度也远超其他类型的生产要素。从这个角度来说,数据要素的可交易性相较于其他生产要素(尤其是其他类型的资本)也是很强的。

第六,数据要素具有双重非竞争性特征。琼斯和托内蒂重点研究了数据的非竞争性特征,强调数据在使用过程中不存在互斥性,同一组数据被更多市场主体使用的额外成本很小,在一定条件下这一额外成本甚至是零。数据要素在其使用过程中存在双重非竞争性。如果是在宏观或行业层面公开的、不同企业均可使用的数据要素,在其使用过程中存在企业间的非竞争性;如果是企业独有的数据要素,则存在企业内部的非竞争性,同一组数据可以被企业内部的不同部门同时或多次使用,无需额外的数据使用成本。这种双重非竞争性提升了数据的潜在经济价值,也使对数据要素进行准确定价变得十分困难。

五、中国数据生产要素的统计核算

对于数据要素的定量研究需以科学而可靠的统计指标为基础。在这个方向上,加拿大统计局和一部分国外学者分别从宏观和微观企业层面做了一定尝试,但是他们的测度方法均存在一定的局限性。与之相对的,中国当前正在开展的"三新经济"统计监测为统计企业数据要素支出提供了一个标准做法。

纵览目前中国各级统计机构对于各类企业开展的统计调查的基本制

度和相关问卷，并没有找到对于企业数据要素投入的直接相关指标或统计问题。想要直接测度数据要素存量，就需要专门构建相应的新统计指标。

在国家统计局已经建立的"三新经济"（新产业、新业态、新商业模式）统计监测指标体系中，一项重要指标是各类企业的科技支出，其在相关统计报表中表示为"企业内部用于科技活动的经费支出"。这一指标包含了报告期企业内部用于全部科技活动的直接支出，以及用于科技活动的管理费、服务费和外协加工费等支出。对于在财务上单独核算研究开发费或技术开发费的企业，该指标直接抄取相应会计科目当年实际发生额，包括人员人工费、直接投入（包括原材料费等）、折旧费用与长期费用摊销、无形资产摊销、其他费用（含设计费、装备调试费等）。未对研究开发费或技术开发费进行单独核算的企业，该指标按项目分列人员劳务费、原材料费、其他费用等支出项，再加上未列入项目经费的相关人员工资、管理和服务费用等支出获得。考虑到企业科技支出和数据要素类支出的相似性，可以基于"企业内部用于科技活动的经费支出"这一指标构建"企业内部用于数据处理的经费支出"这一项指标，并把它纳入企业生产经营及财务状况的统计报表和"三新经济"统计监测指标，以此为基础构建企业数据要素的相关指标。一个可行的构建方法如表 6-1 所示。

表 6-1　基于企业科技支出指标构建的企业数据要素支出指标

企业内部用于科技活动的经费支出	企业内部用于数据处理的经费支出
人员人工费（包含各种补贴）	人员人工费（包含各种补贴）
原材料费	数据购置、搜集与储存费
折旧费用与长期费用摊销	数据库及数据处理技术折旧费用一次性摊销
无形资产摊销	数据要素摊销
其他费用	其他费用

综合考虑各方面因素，本章在计算数据要素规模时主要采取成本法。

中国的数据要素市场正处于起步阶段,在许多方面仍有待完善,且数据要素的市场交易数据难以获得,导致市场法在实践中难以应用。与之相对的,无论是在全国层面还是省际层面都有细分至行业大类的劳动力成本(工资)数据,为衡量数据生产的人力成本提供了可能性。此外,考虑到以数据库为代表的数据载体的投资价值已在中国国民账户核算中得到体现,各个省份在数据库上的直接投资支出成本充分可得,便于实际估计、使用。

基于已有研究,加总数据要素的人力成本与数据载体成本以估算数据要素的当前投资。具体地,t 年份 i 地区 j 行业的数据要素投资价值可以表示为:

$$V_{ijt} = a_j W_{ijt} + I_{ijt}$$

其中,a_j 为行业 j 的数据生产活动占其总生产活动的比例,W_{ijt} 为 i 地区的 j 行业在 t 年份的就业人员工资总额,$a_j W_{ijt}$ 即为生产数据的人力成本;I_{ijt} 为 i 地区的 j 行业在 t 年份的数据库上的固定资产投资,或数据载体成本。

数据要素的经济价值包括生产数据的人力成本与数据载体成本两个部分。其中,生产数据的人力成本的计算以《中国劳动统计年鉴》中的"各地区分行业城镇单位就业人员和工资总额"数据为基础,通过引入数据生产活动占比假设计算得出。数据载体成本的计算以国民经济行业大类中"软件和信息技术服务业"的固定资产投资额为基础,通过直接的区域与行业匹配获得。将这两类成本的年度水平相加,就能够得到一个企业、行业和地区甚至国家在一年内的数据要素投资规模。

第二节　数据生产要素的研究前景

一旦能够得到企业数据要素的微观数据,就可以在产业和宏观层面进行加总,形成对微观企业、中观产业和宏观经济使用数据生产要素的整体认知。

一、微观层面：数据要素与企业行为

在普遍认可数据要素及信息和通信技术的发展对于企业盈利以及生产率有提升作用的基础上，近年来一系列文献开始关注不同规模的企业对数据要素和信息技术的使用效率问题。贝格瑙等提出，金融大数据技术的发展降低了大型企业的融资成本，但同时也提高了中小企业的融资难度，使大企业更容易扩张、小企业更难以生存。阿吉翁等研究发现，20世纪90年代的信息技术发展促进了生产率较高的大型企业的有效扩张，中小型企业和劳动者则蒙受一定损失，从总体上抑制了发达国家的经济活力。阿比斯和维尔德坎普建立了一个利用数据生产知识的生产函数，该函数估计2010—2018年美国投资管理行业由于企业对于数据的投入上升致使知识型工作的劳动收入份额从44％下降到27％，强调了数据生产要素带来的收入初次分配问题。国内研究中，王娟基于世界银行企业调查数据的实证研究表明，融资能力强、资本密集度高、国际化程度更高的年轻企业更加有意愿和能力进行信息和通信技术投资，且信息和通信技术投资能在很大程度上促进企业创新尤其是工序创新。何小钢等采取类似数据进行分析，发现在决策分权程度更高的企业，信息和通信技术提升的生产率越高。

数据要素对于企业生产效率和盈利能力的提高是其推动产业升级和经济增长的共同微观基础，因此也是数据经济理论中关键的基础性内容。相关研究应在理论和实证两个方向同步推进。在理论上，企业对于数据要素的获得方式、积累方式和使用方式都需要进一步明确，企业数据驱动的决策过程也需要一个理论框架。具体来看，有以下三个基础性的理论问题需要深入探究和分析。第一，数据驱动的决策过程和传统的企业决策过程有何区别？第二，企业在数据要素上的投资是否能独立发挥作用，还是需要进行配套的信息和通信技术投入？第三，企业积累和使用数据要素的外部性如何在模型中体现？在实证上，需要在更加完善的企业数据要素统计的基础上开展细致的机制研究和经验分析，尤其是区分数据要素投入和 ICT 资本投入对企业生产率、盈利能力和综合成本的不同影响,同时充分考虑行业类型、企业规模和产业政策等因素的作用。

二、产业层面:数据要素与产业升级

研究信息技术和产业经济的相关文献可以分成三类,分别关注信息技术产业发展、信息技术产业对于经济增长的贡献以及信息技术对特定产业(如制造业)的发展和升级的影响,这些文献大多肯定数据和信息技术的积极作用。有些学者系统地分析了信息产业对经济增长的贡献,提出把信息产业作为新的经济增长点进行重点培育,能够大力促进国民经济持续发展。有些学者建立了一个互联网发展对制造业效率影响的理论模型,提出互联网发展显著促进了城市整体的和制造业整体的生产率,且对制造业整体生产率的影响大于其对城市整体生产率的影响。还有些学者论证了信息和通信技术在中国的通用目的的技术特征,在此基础上重点关注这一技术对于促进服务业增长的特殊作用,提出信息和通信技术是中国服务业进一步发展的突破性技术。

除了对信息通信行业发展及其在国民经济中发挥作用的持续关注之外,数据要素指标的构建和使用有助于更好地思考产业升级的动力来源以及方向性问题。在劳动力、传统物质资本甚至 ICT 资本的要素生产率下降的现状下,如何实现持续的产业转型升级是中国经济面临的一个现实难题。在创新回报仍存在较大不确定性、知识积累过程相对漫长、管理能力提升面临瓶颈的背景之下,数据要素在行业层面的有效积累(如构建工业互联网平台)能够促进行业资源的泛在连接、弹性供给和高效配置,加快产业升级进程。考虑到在生产过程、数据使用和技术水平等方面存在的行业差异,不同行业对数据要素的投资和使用也必将存在较强的行业异质性,需要更加深入的理论和实证分析予以引导。

三、宏观层面:数据要素对于经济增长的贡献

数据要素指标在宏观层面上的应用相对于企业和产业层面更为成

熟,有一批文献分别从理论和实证角度探究信息和通信技术、ICT 资本深化以及数据生产要素对经济增长的综合影响。对微观企业的数据要素进行加总获得各经济体的数据要素指标,可以提升对数字经济时代经济增长动力来源的整体认知,甚至有可能解决"索洛生产率悖论",即企业的信息和通信技术投资和投资回报率之间似乎没有明显关联的实证现象。通过生产率预测和增长核算,可以将数据要素对经济增长的贡献从全要素生产率中剥离出来,如发现数据要素对经济增长的贡献持续提高,那么对信息和通信技术贡献率与全要素生产率的理解就应该被修正。首先,信息和通信技术以及相关投资对经济增长的贡献看似不足,很可能是由于没有考虑到信息和通信技术与数据要素相结合方能充分发挥作用的基本事实,这一点随着各经济体对于数据的重视程度不断提升必将得到显著改善,"索洛生产率悖论"也将不攻自破。其次,考虑到数据要素对于经济增长的持续贡献,中国全要素生产率的下降可能比已有实证研究得出的结论更加严重,改善资源配置、优化经济结构的需求比看起来更加迫切,从而突出了构建新发展格局的重要性与紧迫性。

第三节　人工智能、就业与经济增长

　　人工智能作为当前新兴技术的代表,为如今我国经济发展缓慢,传统产业面临转型升级的局面注入了新的动力,通过重组经济结构,开创新的生产要素,采用新技术、新模式来实现社会生产力的跨越性提升。本文通过阐述人工智能与实体经济融合的重要性和人工智能促进经济增长的作用机制,得出了人工智能的兴起将会为我国经济增长创造出新的强大引擎的结论。

　　从生产力的历史发展变化中,我们可以看出每一次跨越性生产力的诞生都伴随着技术的历史性改革,而技术的改革又改变了社会经济结构。如今,由人工智能技术引领的新一代科学技术革命方兴未艾,正在不断的深入人们的日常生活当中,通过改变人们的消费方式,刺激我国经济快速发展。

人工智能这一概念在 50 年代就已经被提出,由于当时各种技术的限制,人工智能技术在两次达到研究高潮后又归于平淡。但是如今随着新型科学技术的成熟,加之我国经济的发展需要新的动力,人工智能技术再次进入我们的视线,引起了国家的高度重视。人工智能技术在政策的激励和社会经济的需求下,在我国迅速的发展成熟起来,推动我国经济结构加速转型,成为我国经济增长的新引擎。

一、人工智能

1956 年,由约翰·麦卡锡等组织的达特茅斯会议被认为是开创人工智能这个研究领域的历史性事件。在会议上,人工智能(Artificial Intelligence,AI)这个术语首次被正式提出。麦卡锡将人工智能定义为"制造智能机器,尤其是智能计算机程序的科学工程"。

近年来兴起的机器学习等技术代表着人工智能的一大进步。从历史上看,大多数计算机程序都是通过系统地整理人类知识、按步骤编写、将输入映射到程序员指定的输出的方式来创建的。相比之下,机器学习系统通常通过输入非常大的示例数据集,使用一般类别算法(如神经网络)自行找出相关的映射。通过使用这些能够利用汇总数据和数据处理资源增长的机器学习方法,机器在感知和认知方面取得了令人印象深刻的成就,而感知和认知恰恰是大多数人类工作的两项基本技能。譬如,使用机器学习在超过 1000 万张图像的数据库 ImageNet 上为照片内容添加标签的错误率从 2010 年的 30％下降到 2016 年的 5％以下。而在 2017 年的大规模视觉识别挑战赛(IISVRC)中,使用 SE－ResNet152 为照片添加标签的错误率更是降至 2.2％。

越来越多的企业开始意识到人工智能的巨大潜力,尝试将人工智能技术运用于其生产、运营与创新过程。谷歌将其当前的发展重点描述为"人工智能优先",微软首席执行官萨提亚·纳德拉(Satya Nadella)则称人工智能是技术的"最终突破"。在中国的众多互联网企业中,百度最早开始在人工智能领域进行大量研发,其人工智能开放平台已经成为全球领先的人工智能服务平台之一。根据 CBInsights 数据平台的信息显示,全球对专注于人工智能的私营公司的投资迅速扩张,从 2012 年的 5.89 亿美元增长到 2020 年的 120 亿美元。

各国政府对于人工智能技术的关注度也在不断提高。美国于 2016 年发布了第一个《国家人工智能研发战略计划》,并在 2019 年发布了这一战略计划的更新版,提出美国需要在基础人工智能研究上进行长期投资,旨在维持美国在人工智能方面的领导地位,同时为联邦政府资助的人工智能研究制定了一系列计划,确定了以下八个战略重点:对人工智能研究进行长期投资;为人工智能合作制定有效的方法;理解并解决人工智能的道德、法律和社会影响;确保人工智能系统的安全性;为人工智能的培训和测试提供能够共享的公共数据集和环境;制定标准与基准来测量、评估人工智能技术;更好地了解国家人工智能研发人员的需求;扩大公私伙伴关系,加速人工智能的发展。

2020 年 2 月,欧盟委员会在布鲁塞尔发布《人工智能白皮书——通往卓越和信任的欧洲路径》,旨在提高欧洲在人工智能领域的创新能力,推动道德和可信赖人工智能的发展。该文件指出,人工智能是一项战略性技术,有益于社会、公司和个人。人工智能以人为本,以道德为发展准绳,以可持续发展为目标,尊重最基本的权利和价值。人工智能带来的效率和生产率不仅能够提升欧洲的产业竞争力,提高人们的生活品质,还能够有效应对气候变化、环境退化、人口变化、民主权益、社会犯罪等一些亟待解决的社会问题。

2017 年 7 月 8 日,中国国务院发布《新一代人工智能发展规划》,提出到 2030 年,中国的人工智能理论、技术与应用总体达到世界领先水平。党的二十大报告强调"推进战略性新兴产业融合集群发展,构建新一代信息技术、人工智能、生物技术、新能源……一批新的增长引擎"。笔者认为,随着相关技术的进一步发展与成熟,人工智能将可能成为新的生产要素。

根据 2016 年 Tractica 研究机构的预测,2016—2025 年,企业在人工智能上的投入将扩张 30 倍。根据麦肯锡的相关研究,对于人工智能的相关投资将集中在机器学习(62%)和计算机视觉(31%)上。同时,麦肯锡的相关研究还指出,高端制造业、现代服务业和能源行业等国民经济的关键行业对于人工智能的使用均将超过总投资的 20%,而其他行业中人工智能也将发挥十分重要的作用。这些研究机构的预测都表明,能否正确发挥人工智能在宏观经济中的作用是下一阶段各国能否实现持续经济增长的关键。

二、人工智能在经济领域研究现状

作为计算机科学的一个分支,人工智能就其本质而言就是对人的思想、行为的模拟。自人工智能的概念诞生以来,人们便一直在研究它对经济的影响,目前的研究大多观点是人工智能技术将会推动生产力变革升级,从而促进经济的增长。

Aghion 等人全面分析了人工智能技术对经济增长可能产生的影响,认定其造成技术进步率的大小是关键,并得出人工智能技术若能带来生产率的持续增加,那么必将带来经济的持续增长,从而出现经济奇点的结论。在 Brynjolfsson 等人的研究中,以互联网为代表的新型科学技术已经用事实证明了其在经济增长中起到了不可磨灭的作用,在他们看来,人工智能技术将要发挥的作用可能比其更胜一筹。在林晨的研究中,人工智能技术可以通过提高实体经济的吸引力,从而扩大消费群众的范围,达到提升经济增速的目的[①]而王进则是创新的采用 2014 到 2018 年期间人工智能发展的相关数据来进行定量实证分析,并得出人工智能技术确实对我国的经济增长起到了推动作用。在埃森哲咨询公司发布的一份研究报告中,将人工智能看作了一种新的生产要素,并通过智能自动化、资

---

① 林晨,陈小亮,陈伟泽,等. 人工智能、经济增长与居民消费改善:资本结构优化的视角[J]. 中国工业经济,2020(02):61—83.

本效率、创新三个方面来提高经济增长[1]。

三、人工智能与经济增长模型

目前来看，劳动力要素在各种经济增长模型中依然占据稳固地位，这也许可以让人类对自己未来的劳动放宽心。传统的哈罗德－多马模型高度肯定人口和劳动的重要贡献。新古典经济学的索罗模型虽然采用了资本和劳动可替代的生产函数，但也保留了人口和劳动的一席之地。后来，保罗·罗默（Paul Romer）在其内生经济增长模型中，把知识纳入经济技术体系之内作为经济增长的内生变量，但也依然将非技术的劳动视为增长四要素之一，而其他要素如人力资本和创新思想领域同样可以看到人类的身影。

不过，值得注意的是，模型中的劳动力要素看似稳定，但其身旁的技术要素日益强大，尤其是极具爆发力的人工智能技术不容小觑。历史上的重大技术进步都伴随着生产率的大幅度提高，同样随着人工智能的发展，有关人工智能对经济增长的影响引发新的关注。在各类理论模型的发展以及数据可得性的基础上，检验人工智能或自动化对生产率影响的实证研究逐渐增多。当前的研究成果大多集中于人工智能的某一领域，比如计算机资本或工业机器人对生产率的影响，并将多要素生产率（MTP）、全要素生产率（TFP）或劳动生产率等作为生产率的衡量指标，这些研究大多佐证了人工智能对生产率的促进作用。

埃森哲的一项研究提出，人工智能技术所发挥的不再是劳动和资本之外全要素生产率的增强剂作用，而是作为一种全新的生产要素，而且是经济增长模型中独立且核心的要素。人工智能至少能在三个重要领域推动经济增长：第一，创造一种新的虚拟劳动力，带来"智能自动化"效应；第二，补充和提高现有劳动力和实物资本的技术与能力；第三，像以往的其他技术一样，人工智能还能推动创新。未来的各经济体不再只是利用人

---

① 曹静，周亚林.人工智能对经济的影响研究进展[J].经济学动态，2018(01)：103－115.

工智能改变生产方式,而是借助人工智能积极开拓新的发展空间。人工智能必将广泛、深刻地推进经济结构的转型。

四、人工智能与经济增长质量

人工智能在技术与经济的联动方面具有渗透性、替代性、协同性和创造性等特征,因此能推动国民经济各领域、各部门高质量增长,而其自身规模的壮大也有助于增长质量的提升。渗透性特征决定了人工智能对经济增长影响的广泛性和全局性,即便人工智能当下所产生的影响还仅仅是局部性的,但渗透性特征也意味着人工智能具备全局性影响的潜力。替代性特征意味着人工智能资本作为一种独立要素正在不断积累并对其他资本要素、劳动要素进行替代的过程,伴随人工智能资本的积累,其对经济增长的支撑作用也将不断提升。协同性特征带来的投入产出效率或全要素生产率的提升,在微观层面将体现为企业利润盈余的增加,并最终转化为 GDP 的增长。创造性特征意味着人工智能是通过知识生产促进的技术进步,最终也将体现为全要素生产率的增长。

虽然学者普遍认为人工智能可以促进生产率提高、拉动经济增长,但也有学者担心人工智能可能会带来经济社会发展的质量问题,比如中低技术工人失业、收入不均衡等负面影响增加,因此,有必要从创造共同繁荣的方向入手来提升人工智能的作用质量,保证总体社会福利不受损失而且整体升级。人工智能的发展为优化资本结构从而实现扩大居民消费和促进经济增长的双重目标提供了新思路,因为人工智能的发展在促进技术进步和提升生产智能化水平的同时,会受创新创业的影响而催生出新经济和新产业。这不仅有助于提高实体经济对经济增长的拉动能力,从而达到促进经济增长的目的,而且有助于降低经济增长对基本建设投资和住房投资的依赖,从而减轻二者对消费的挤出效应。

随着人工智能发展的步伐加快,为了让人们能够更好地面对人工智能这一重大技术变革可能带来的就业总量和结构变化、收入分配不合理加剧等问题,政府如何合理优化公共政策尤其关键。尽管市场缺陷可能导致转型期福利恶化,但是如果有合理的政策工具(如税收和转移支付等),科学技术的创新将对人们获得更合理的收入和资源分配具有促进作用,从而带来帕累托改进。

五、人工智能与实体经济融合

(一)人工智能技术与实体经济融合的核心在于需求

人工智能技术慢慢融入实体经济是顺应国家经济发展的需求,也是顺应群众提高生活品质的需求。如今我国传统的制造业运行机制已经不满足当今社会快速发展的需求,迫切需要人工智能等新兴科学技术带来的转型升级,适应新的市场需求,重新焕发生命力。

(二)人工智能技术与实体经济融合的关键在于战略

在良好的发展氛围下,人工智能技术确实快速发展,但是我们也不能盲目地发展,我们必须有节奏的、有战略的去计划实施发展的方向和内容,把握住人工智能发展的主动权。

(三)人工智能技术与实体经济融合的未来在于创新

人工智能技术若想不断地发展扩大,必须立足于创新,这样才会不断地繁衍出新的产品结构、新的科学技术和新的组织模式,创造出更多的新型就业岗位,从而保证其生命力长久不衰,技术不断进步。

六、人工智能促进经济增长机制

(一)人工智能促进传统产业的转型升级

人工智能作为新一代的高新科技技术,加快了传统产业与当今社会的接轨,重组了产业结构,优化了资源配置,提高了生产效率,为传统产业的数字化、智能化、高效化转型升级奠定了坚实的技术基础。

(二)人工智能创造新的就业机会

人工智能时代的到来,加快了社会生产自动化、智能化的步伐,将人从重复繁琐的机械动作中解放了出来,从而给人更多的时间去发展创新。人工智能的诞生,必将通过改变群众的需求从而带来相应的社会供给,产生新的工作岗位和就业机会。

第七章 绿色经济与可持续发展

第一节 绿色经济发展理论基础

一、绿色经济的内涵

20世纪90年代,"绿色经济"作为一个独立的概念首次被提出,并被定义为一种可持续发展的经济形态。绿色经济要以当前生态条件为依据,结合现实发展情况建立起一种新的经济发展模式,该发展模式一定要在自然经济和人类可承受的范围之内。在经济发展的同时,确保自然资源可持续增长的能力,从而为经济发展与人类福祉持续提供资源与环境生态的服务。绿色经济在经济活动领域之中应当包含碳排放量的减少与环境污染的降低,以及提高能源与资源的使用效率,进而防止生物多样性缺失并防止对生态环境产生破坏。

自改革开放以来,我国经济社会不断发展,在发展的过程中各种问题也随之而来,尤其是环境问题在一段时间内成为制约我国经济发展的重要因素。绿色经济是以效率、和谐、持续为发展目标,以生态农业、循环工业和持续服务产业为基本内容的经济结构、增长方式和社会形态。绿色经济是以生态经济为基础、知识经济为主导的可持续发展的实现形态和形象体现,是环境保护和社会全面进步的物质基础,是可持续发展的代名词。绿色经济理解为一个国家或地区在市场竞争和生态竞争中形成的能够发挥比较优势、占有较大国内外市场份额,并成为国民经济主导或支柱产业的绿色产业、绿色产品和绿色企业。绿色经济是充分利用现代科学技术,以实施自然资源开发创新工程为重点,大力开发具有比较优势的绿色资源;巩固提高有利于维护良好生态的少污染、无污染产业,在所有行业中加强环境保护,发展清洁生产,不断改善和优化生态环境,促使人与自然和谐发展,人口、资源与环境相互协调、相互促进,实现经济社会的可持续发展的经济模式。绿色经济是以保护和完善生态环境为前提,以珍惜并充分利用自然资源为主要内容,以社会、经济、环境协调发展为增长方式,以可持续发展为目的的经济形态。

绿色经济的内涵应当包括以下几方面:第一,绿色经济发展的前提是环境和自由;第二,绿色经济的发展目标是协同发展,包括经济、社会和环境;第三,绿色经济发展不仅要追求结果的绿色,更要追求过程的绿色和生态。绿色经济就是经济的可持续发展,这种可持续发展要建立在对资源的保护和充分利用的基础上,保证经济的发展不以损害环境为代价。

二、绿色经济相关概念介绍

循环经济主要从生产的角度来阐述,它源于日趋激烈的市场竞争和不断枯竭的资源的现实情况。在循环经济模式之下,工业生产投入的资源被分成两大类,分别是生态友好型和技术友好型。生态友好型资源是指那些在生产过程中产生对环境没有负面影响的废弃物的生产资料,这些资源产生的废弃物将排入自然界生物圈内再循环,从而实现生态型资源的循环利用;技术友好型资源是指在生产过程中产生对环境有不良影响的生产资料,但这些资源产生的废弃物应在生产过程中得到最大限度的利用,并全力减少其排放。循环经济的发展提高了经济和资源的利用效率,推动了经济的健康发展,它可以作为绿色经济的一个重要组成部分。

低碳经济产生的背景是碳的排放量增加导致的全球气候变暖。低碳经济是一类经济形态的总和,当前的低碳经济主要包括低碳发展、低碳产业、低碳技术、低碳生活等。低碳经济的特点是低能耗、低污染、低排放。低碳经济最基本的目标就是要实现经济社会的协调与可持续发展;其最根本的要求就是要通过技术的改进和观念的更新不断提高资源的利用效率,不断降低碳的排放量,从而实现全球的生态平衡。

通过对比分析可以发现,绿色经济与循环经济、低碳经济在发展上的理念是相同的,都是在充分认识人与自然的基础上进行的。通过对三者的研究发现,它们的理论基础也是相近的,发展观和发展路径也比较类似,都是追求对资源利用效率的提高。虽然三者具有如此多的相似之处,但是它们之间的差别还是比较明显的。循环经济的主要目标是应对经济发展中已经出现的能源危机,通过技术的革新和观念的改变提高能源的利用效率以及对资源进行循环再利用。低碳经济在发展上更加注重降低能源的损耗,减少污染物的排放,其主要依靠对能源开发技术的不断革新、消费模式的改变、经济发展路径的创新。低碳经济既注重减少碳的排放量,又注重发展新型经济,非常符合当下的时代主题。而绿色经济的立足点是解决当前存在的环境危机,绿色经济的核心思想是以人为本,在发展的过程中既注重对环境的保护,又要全面提高人民群众的生活水平,追求一种人与自然和谐发展的状态,最终能够实现全社会的共同发展和进步。

以上三种经济发展理论都是基于当前人类发展所面临的共同问题而出现的,分别从不同的角度解决问题,每种方法都有其自身的优势。就三种理论的覆盖范围而言,绿色经济理论更加全面,它在内容上涵盖了循环经济和低碳经济,也在发展目标上把二者纳入其中。所以,研究的对象——绿色经济是一种符合当今时代发展需求的、更为全面的经济理论,对绿色经济进行研究能够更加广泛地推动社会文明的进步。

三、绿色经济的特征

绿色经济的发展有别于以往的经济发展模式,它注重对人的健康需要的供给和人的发展供给,如果偏离这一目标将毫无意义。根据马克思的观点,人创造了社会财富,所以社会财富应由人们共享。绿色经济发展注重环境保护,但是并不像唯生态主义者那样只关注生态保护,而忽视经济发展和人的健康发展。绿色经济发展是希望通过人与自然的和谐共生、和谐相处实现人类的永续发展,既不是通过破坏环境来获取发展,也不是以牺牲子孙后代的利益来换取当代的发展,而是兼顾眼前和长远、当代和后代的和谐发展。在对绿色经济进行深入分析的基础上,发现其作为一种崭新的经济形态具有以下一些特征。

(一)绿色经济具有绿色文明性和产业性

绿色经济的发展建立在价值观重构的基础上,其更加注重对资源的保护和利用,涵盖了工业生产的各方面。绿色经济追求的是生态和经济价值的最大化,在发展过程中要时刻把这一观念摆在首要位置,即绿色文明性。随着人与自然关系的不断演变,人类文明进程也在逐步推进。第一次工业革命使人类由农业文明时代迈向工业文明时代,这是历史上一个了不起的进步。第二次和第三次工业革命使人类发展了工业文明,极大地解放和发展了资本主义生产力,但是也带来了巨大的环境消耗。而作为第四次工业革命的绿色经济革命,将推动人类从黑色的工业文明时代进入新的绿色文明时代。可以说,绿色文明是绿色经济的基本价值观,绿色经济是绿色文明的表现形态。这个观点是人类对自然规律、经济规律和社会规律探索的最新集大成,即绿色经济具有文明性。

绿色经济不是孤立存在的,而是依托于相应的产业发展的,因此绿色经济在发展中具有产业性。产业性是绿色经济最直接的外在表现,也是促进原始创新与经济不断循环的重要途径。产业绿色化是一次全方位的产业革命,既包括传统黑色产业的绿化,也包括战略性新兴绿色产业的发展。一方面,新兴产业不能凭空而为,必须依赖传统产业的技术积累、制造能力和产业体系。传统产业已经形成完备的产业配套体系,能够为新兴绿色产业发展提供雄厚的产业支撑和广阔的市场需求。另一方面,要发挥绿色产业的技术优势,加快改造传统高耗能、高污染、高排放和低效益的产业,如钢铁、水泥、玻璃、化工、有色金属等,淘汰落后产业,突破黑色和褐色产业的利益刚性与发展惯性,提高资源利用效率,降低能耗和碳排放,进一步发展具有比较优势的劳动密集型产业,扩大社会就业。同时,实现产业的绿色转型,要吸引私人和公共资本进入绿色经济领域,发展绿色金融,加大对可再生能源、新能源汽车、环保等战略性新兴绿色产业的绿色投入。在新兴绿色产业发展方面,发展中国家与发达国家差距较小,可充分利用基础理论方面的全球公共知识,加大绿色投入,利用蛙跳原理,发挥自身的后发优势,实现又好又快发展。

绿色经济的发展不是唯经济指标的发展,而是在发展过程中强调通过高新技术作为内生动力,助推人与自然和谐相处、和谐发展,实现经济指标、生态指标及人的全面发展指标相互促进、相得益彰、共同发展,任何一个指标发展的缺位都将影响三个指标的整体效能。绿色经济强调经济发展的关键在于资源环境的永续性、可持续性,子孙后代能够永续享用,即具有代际公平性、生态永续性的特点。因此,必须深入坚持绿色发展理念,利用第四次工业革命技术建立生态指标、经济指标、人的全面发展指标为一体的生态化经济发展模式。

(二)绿色经济具有消费合理性

绿色经济最终的产出是为消费服务的,绿色经济建立在消费的基础上才是有价值的,才是会持续发展的。农业经济和工业经济的发展破坏了人与自然的依存关系,迫使人们开始寻找一种能够实现经济与资源协调发展的模式,而绿色经济强调的经济发展要有利于资源节约、环境保护、消费合理的思想,恰恰符合这样一种模式。在绿色经济模式下,人类以经济、自然和社会可持续发展为目标,将绿色生产生活和生态环境保护统一起来,突出资源节约与合理利用,强调环境保护与经济增长并举。具体来说,绿色经济将自然资源作为研究的内生变量,认识到自然资源的稀缺性,唯有节约资源、减少耗费、经济地使用资源方能解决资源稀缺性与人类无限需求的深刻矛盾;而环境是人类生存的条件和发展的基础,它既能够造福人类,也能毁灭人类。因此,绿色经济要求人类保护环境,降低环境污染,改善生态。前三次工业革命使资本主义的过度不合理消费愈演愈烈,消费的急速扩张速度远远超过了资源能源利用率的提高速度,而绿色经济要引导大众走向绿色、适度、合理的消费方式,将从根本上扭转无节制的不可持续的消费模式。

绿色消费主要是指消费行为和消费方式,如尽可能购买散装物品,减少在包装上面的浪费;购买由可循环材料做成的商品;少购买或使用一次性产品,如酒店或饭店里的剃须刀、梳子、塑料餐具等;使用可充电电池,它寿命长久、花费更少,且不会给河流带来污染;买二手或翻新的物品;用能量利用率高的用品;用天然、无公害的物品代替化学制作的家具和杀虫剂等。以上种种以及其他方法,可以有助于减少污染、节约能源和抵抗全球气候变化。

在此基础上,还要倡导绿色消费。绿色消费是一种高层次的理性消费,是带着环境意识的消费活动,它体现了人类崭新的道德观、价值观和人生观。绿色消费已得到国际社会的广泛认同,国际消费者联合会从1997年开始,连续开展了以"可持续发展和绿色消费"为主题的活动。人与自然是生命共同体,人类必须尊重自然、顺应自然、保护自然。人类只有遵循自然规律才能有效防止在开发利用自然上走弯路,人类对大自然的伤害最终会伤及人类自身,这是无法抗拒的规律。要建设的现代化是人与自然和谐共生的现代化,既要创造更多物质财富和精神财富以满足人民日益增长的美好生活需要,也要提供更多优质生态产品以满足人民日益增长的优美生态环境需要。必须坚持节约优先、保护优先、自然恢复为主的方针,形成节约资源和保护环境的空间格局、产业结构、生产方式、生活方式,还自然以宁静、和谐、美丽。并指出要推进绿色发展,在发展经济的同时,着力解决突出的环境问题,加大生态系统保护力度,改革生态环境监管体制,实现经济可持续发展。

(三)绿色经济具有创新性和公益性

绿色创新本质上是要改变传统生产方式,利用创新要素替代自然要素,提高资源配置效率,使经济发展与自然资源消耗、环境污染逐渐脱钩。绿色创新包括绿色制度、绿色技术、绿色市场以及绿色观念等创新。绿色制度创新有助于正向激励绿色要素聚合,绿色观念创新引导人们改变"先污染、后治理"的思想,绿色技术创新能够提升资源利用和环境治理效率,绿色市场创新推动绿色低碳生活方式和消费模式的建立。我国绿色消费活动涉及衣食住行众多领域。

绿色经济的发展一定是建立在公益性基础上的,这是基于对以往经济发展路径的深刻认识和对人类生存环境的担忧。能够被人们利用的自然资源在一定时空范围内的数量是有限的,而人们对物质需求的欲望却是不断膨胀的,自工业文明以来,二者之间的矛盾越来越凸显。

经济、社会和环境的协调可持续发展是绿色经济的最高宗旨。绿色经济要求遵循生态规律和经济规律,时刻考虑生态环境的容量和承载能力。因为环境资源不仅是经济发展的内生变量,而且也是经济得以发展的前提条件。同时,发展绿色经济有利于减少贫困;发展绿色经济有利于增加自然资本投资,从而增强生态环境保护与收入提高的相关性;发展绿色经济可以提高贫困人群拥有的生存资本的存量和质量,扩大其经济交易机会,最终有助于社会发展。此外,当全社会的绿色经济观念和意识增强时,有助于更加广泛地在生产生活中践行绿色经济思想,以实际行动共建美丽地球。无论在环境保护上还是在经济发展上,绿色经济的发展水平比以往的传统经济发展模式都要有更大的提升和进步。绿色经济强调的人与自然的和谐统一,经济、社会与环境可持续发展的理念,惠及每个国家的每个公民,甚至是人类的永续发展。因此,绿色经济能够吸引各个国家和人民自觉投身于绿色经济发展,即以最小的资源消耗获得尽可能大的经济效益,实现物质文明、生态文明、精神文明的协调发展。

(四)绿色经济具有低碳性和复杂性

绿色经济的发展是以低碳环保为前提条件的,绿色经济一方面强调生产生活的节能、降耗,即提高能源利用效率,提高可再生能源和新能源的消费比例,尽可能地减少煤炭等不可再生能源的使用;另一方面,强调生产和消费环节应减少碳排放,降低经济发展对环境的损害和资源的消耗,体现了低碳的环保理念。低碳经济已成为世界经济发展的主要特征和趋势。低碳经济作为新的发展模式,不仅是实现全球减排目标的战略选择,而且也是保证经济持续健康增长的最佳选择。全球经济发展理念和模式的转型为我国经济发展提供了重大机遇。在政府倡导和企业自觉的双向努力下,我国已经成为积极发展低碳经济的引领者。历经数年发展,我国企业目前已经在多个低碳产品和服务领域取得了世界领先地位,其中以可再生能源相关行业最为突出。

绿色经济通过加大绿色投资、推进绿色技术创新、优化绿色组织管理等方式转变粗放的增长模式,提高资源使用效益,减少资源消耗和污染排放,最终实现经济发展。绿色经济模式与传统经济模式最大的区别在于绿色经济模式更具包容性,不仅关注经济的增长,还始终把人的存在状态和发展水平作为关注的核心和思考的起点,认为唯有提高人类福祉和社会公平,为妇女、儿童及贫困地区人口创造更多的绿色就业和收入机会,方能实现环境、经济和社会的可持续发展。绿色经济不仅重视人的获得感的提升和生态文明建设的成效,而且重视社会的发展和进步。绿色经济的供给领域改革不仅包括生产和分配的体制机制供给,而且包括公平供给的落实,使绿色经济的发展公平地惠及每个人。绿色经济强调注重人的环保意识的培养,使环保行为成为每个人的自觉行为,成为一个社会和国家的自觉行为,并且把绿色经济作为衡量社会进步的重要标志,以绿色 GDP 取代传统 GDP。绿色经济是具有复杂特性的经济形态。所谓复杂,是发生在秩序与混沌的边缘的状态,是一种既具有亦此亦彼又具有非此非彼、既具有确定性又具有不确定性的状态。绿色经济正是具有这样特性的经济形态。从秩序、现在、危机的视角看,它是以市场为导向、以传统产业经济为基础、以绿色创新为利润增长点的经济增长方式;从混沌、未来、重构的角度看,它似乎又是主要以全球跨国之间的价值认同和国际契约为导向、以可持续发展的微观经济组织为基础、以人类共同福祉为目标、具有新质的经济发展方式。绿色经济的复杂性决定了它还具有或然性特征。它既可以被当作带动新一轮经济增长的创新点,又可以被当作诱发新经济发展的始基因素。众所周知,经济增长与经济发展都是经济进步的表现形式,但前者是原有生产方式基础上量的增加,后者是原有生产方式发生革命性质的转变。从选择的角度看,经济增长方式的创新常有发生,经济发展方式的转变却很少进行,因为那些能诱发生产方式质变的始基因素可遇而不可求。

四、绿色经济的理论框架

(一)绿色经济的系统框架

绿色经济是将自然资本作为经济发展的内生变量,以绿色文明为基本价值观,以资源节约、环境保护和消费合理为核心内容,以绿色创新为根本动力,通过技术创新与绿色投入,改造传统产业与发展新兴绿色产业,全面绿化整个经济系统,实现绿色增长与人类福祉最大化的经济形态。绿色经济主要由绿色劳动者、绿色企业、绿色市场和中介组织、政府、社会等部门共同参与。因此,应该将绿色经济视为绿色生产、分配、交换、消费的有机系统。绿色经济是经济社会发展到一定阶段的现实选择和必然产物。由于绿色经济在核心内容、根本动力及表现形式等方面与传统的经济形态有着本质的区别,因此绿色经济动态循环过程同其他经济形态也有所区别。

绿色经济系统的外围层是其基础环境,主要包括绿色制度、自然资本、科技创新、社会保障等。绿色基础环境是绿色经济体系的支撑和保障,也是推动绿色经济持续发展、良性循环的关键内容。稳定的宏观环境,特别是财税制度、科技创新、纠正严重失衡的自然系统和破除资源"瓶颈"是绿色增长的四大来源。具体来说,绿色制度包括以政策法规为主的正式制度和以道德文明为主的非正式制度。而好的制度,特别是那些有利于资源有效利用和生态环境保护的制度,有望长期增加人类福祉,是绿色发展战略的核心。

(二)绿色经济的核心框架

1.绿色生产

绿色生产是绿色经济的重要运行模式,它将自然资源与生态服务纳入生产投入的范畴,以节约能源、降低能耗、减少污染为目标,以技术和管理为手段,将绿色理念贯彻到生产的全过程,创造出绿色产品,以满足绿色消费,实现资源节约和环境改善。从生产流程来看,绿色生产包括绿色决策、绿色设计、采用绿色技术与工艺、绿色采购、绿色营销以及绿色管理等方面;从生产类型来看,绿色生产包括绿色产品生产、绿色服务和劳务生产等。其中,绿色决策是绿色生产的灵魂,它要求生产者摒弃传统粗放的生产方式,在制订生产计划、选择研发方案、确定产品种类等时都必须将资源节约与环境保护考虑在内。在绿色生产环节,绿色管理也是重要的内容。绿色管理是绿色经济的微观实现途径,是生态经济学在现代企业管理的新的发展。绿色管理坚持全过程控制和双赢原则,要求在管理的各个层次、各个领域、各方面、各个过程时时考虑环保,处处体现绿色。因此,绿色管理能够为企业带来差别优势和成本优势,有利于提升企业的社会形象,是增强企业竞争优势的重要手段。

2.绿色消费

绿色消费是一种以协调人与自然关系为目标,有益于消费者自身、他人身心健康,有利于环境改善的新的消费方式。作为绿色经济活动的起点和终点,绿色消费通过价格机制引导产品结构、市场结构以及产业结构的绿色化转变。绿色消费的对象是绿色产品与服务,消费方式是合理适度消费,消费结果是改善健康安全水平。绿色消费的内容极为广泛,涵盖消费行为的各方面,可以用 5R 原则来概括,即节约资源(Reduce)、环保选购(Reevaluate)、重复利用(Reuse)、循环再生(Recycle)和保护自然(Rescue)。绿色消费根据这五个原则分别对应五种消费类型:节约资源型消费、环保选购型消费、重复利用型消费、循环再生型消费和保护自然型消费。

节约资源型消费指的是在消费中尽量节约使用自然资源,特别是不可再生的资源,同时尽量减少对环境的污染破坏;环保选购型消费指优先选购有利于身体健康和环境保护的消费品,以自身的消费选择来倒逼企业进行绿色生产;重复利用型消费要求在日常生活中尽量减少一次性物品的使用,重复利用各种物品,最大限度地发挥产品的使用价值;循环再生型消费要求对尚有利用价值的消费品进行分类回收、循环利用,减少资源浪费和污染;保护自然型消费又称自然友好型消费,它强调在消费过程中尊重自然、顺应自然、保护自然,以实现人与自然的和谐共处。只有当绿色消费不断扩大,逐渐成为习惯,绿色需求足够强烈时,绿色消费的力量才能达到一定水平,方能抵制和抗衡市场的非理性行为,推动绿色市场的健康发展。

3. 绿色市场

绿色市场是绿色经济运行的整体形式,是绿色生产与绿色消费的中间联系。研究绿色市场就是从整体上把握绿色经济的运行状况,以揭示绿色经济的总体特征和运行机理。绿色市场包括商品市场和要素市场。商品市场又包括绿色消费品和绿色生产资料市场;要素市场即绿色生产要素市场。绿色经济的本质要求将经济活动对生态环境的影响纳入市场的体系和框架中,这一本质决定了绿色市场与传统市场相比,必须解决影响经济绿色化的两个问题:一是解决经济活动的外部性问题,即如何将外部性内部化;二是价格机制如何反映市场绿色供给与绿色需求的关系。解决外部性内部化的主要理论观点是庇古税和科斯定理,即通过制定自然资本的税收与补贴政策,明确自然资本的产权关系,减少公地悲剧和"搭便车"等市场失灵问题的发生,有效地补偿外部性问题中利益受损的一方,保障绿色经济的顺利运行与发展。

4. 三者的关系

绿色生产、绿色消费与绿色市场三者是相互影响、相互制约的。绿色生产是绿色经济体系的基础,是以生产过程的生态足迹减少为核心,既满足当前社会需求,又不能损害满足将来需求的生产活动。绿色生产决定绿色消费的对象、方式、质量和水平,要求各种原材料和能源消耗最小化、各种生产浪费最小化。绿色消费作为绿色经济活动的起点和终点,是绿色生产的目的和动力,并反作用于绿色生产,是绿色经济体系的关键。只有当消费者,包括个体消费者和机构消费者,倾向购买可持续的绿色产品和服务时,生产者才会积极响应消费者的需求,生产绿色低碳的产品和服务。绿色市场是绿色经济体系的重要中介,是绿色生产与绿色消费实现的关键平台,只有通过市场机制方能实现绿色价值。随着绿色生产、交易和消费过程的完成,绿色的生产、交换、分配和消费的循环过程便得以实现。

绿色评价包括对自然资源市场价值的造价评估,对经济增长的质量与构成的考核,对生产生活消耗的资源、人类活动对环境的影响、自然环境对人们财富与福祉的影响等进行评价。强有力的绿色评价将地球边界纳入考量范畴,能够有效地监测与管理三大资本的扩大再生产,解决"搭便车"等市场失灵问题,提高经济发展的质量,实现经济、社会、环境效益的统一。

在短时间内,绿色转型的代价以及政策协调难度大等因素会阻碍绿色政策的实施和制度的完善。在绿色经济理论中,自然资本是同人造资本、人力资本并驾齐驱的三大生产要素。世界银行指出:忽视自然资本就如同忽视人力资本和人造资本一样,是坏的管理方式、坏的经济学,是不利于经济增长的。自然资本不可被人造资本完全替代,由于自然资本的有限性特征,必然会制约以人造资本积累为导向的经济增长。扭转摆脱这一制约的关键在于科技创新。科技创新是发展绿色经济的动力和关键,对经济总量起到扩张和倍增的作用,有利于提高要素投入的综合生产力,改变三大资本之间的相互关系,释放生产力。一方面,技术进步与创新使经济增长与自然资本消耗和生态环境破坏脱钩;另一方面,技术进步与创新通过改变生产要素结构,消除由于要素限制对生产力发展造成的阻力。绿色经济以人为本,维护人们较高的生活质量,为人们提供物质保障、健康、自由、安全等,其最终目标是提高人类福利水平。当前,提高人们的物质保障和健康安全的主要要素就是社会保障体系。社会保障要素涵盖教育、医疗卫生、文娱等内容,它通过人类日常生活对自然环境系统产生影响,并为绿色经济系统提供绿色的产品和服务,满足经济系统的消费需求。因此可以说,社会保障情况既是绿色经济发展水平的具体体现,又是绿色经济竞争力提升的重要保障,更是实现经济系统、生态系统和社会系统三位一体的基本前提。

第二节 我国绿色经济的发展

一、我国发展绿色经济的探索

我国发展绿色经济新探索既是基于世界各国对绿色经济发展探索的这一全球背景,也是基于过去几十年我国发展绿色经济的既有探索。我国绿色经济是在可持续发展框架下进行的,是可持续经济的实现形态和形象概括。它的本质是以生态经济协调发展为核心的可持续发展经济。做好节能减排工作,大力发展环保产业、循环经济和绿色经济,这是我国政府首次把发展绿色经济纳入国务院日常工作。在此基础上,未来我国发展绿色经济需要新探索,而新探索需要全面分析所面临的主客观条件。

二、我国发展绿色经济的主客观条件

我国发展绿色经济主观条件是坚持党的基本路线,客观条件是经济发展方式转变和供给侧结构性改革。只有在主客观条件的影响下,我国绿色经济才能实现又好又快的发展。

(一)我国处于经济发展的转型期

绿色经济与传统经济发展模式最大的区别在于经济发展方式的转型,这一判断提出的依据是发达国家的经验和对我国经济发展过程中遇到的问题的思考。自改革开放以来,我国的经济发展取得了举世瞩目的成绩。然而,我国在取得巨大经济效益和社会建设成就的同时也付出了环境、资源和生态方面的代价。鉴于此,为了逐步减少这些代价的发生和避免这些代价的继续蔓延,在未来,我国必须在保护生态环境、减少资源浪费、提高资源利用率的基础上,以科学发展观统领我国未来经济社会发展全局,加快转变经济发展方式。要建设的现代化是人与自然和谐共生的现代化,既要创造更多物质财富和精神财富以满足人民日益增长的美好生活需要,也要提供更多优质生态产品以满足人民日益增长的优美生态环境需要。必须坚持节约优先、保护优先、自然恢复为主的方针,形成节约资源和保护环境的空间格局、产业结构、生产方式、生活方式,还自然以宁静、和谐、美丽。

生态环境脆弱、资源相对短缺、环境容量不足,已经成为我国推进现代化建设进程中的严峻挑战,是我们党和国家不得不面对并且必须加以妥善解决的问题。因此,减少资源浪费和提高资源利用率、修复和保护生态环境、加快建设资源节约型和环境友好型社会、促进人与自然和谐发展成为我国未来多年科学发展的必经之路。

以科学发展为主题,以加快转变经济发展方式为主线,是关系我国发展全局的战略抉择。顺应未来我国经济社会的发展规律和客观要求,在生态、资源和环境系统的承受力、承载力许可的范围内维持经济系统的运行,既实现经济的可持续增长,也保证生态、资源和环境的可持续循环利用,更保证资源节约型社会和环境友好型社会建设的顺利推进。我国是一个发展中大国,正在大力推进经济发展方式转变和经济结构调整,必须把创新驱动发展战略实施好。实施创新驱动发展战略,就是要推动以科技创新为核心的全面创新,坚持需求导向和产业化方向,坚持企业在创新中的主体地位,发挥市场在资源配置中的决定性作用和社会主义制度优势,增强科技进步对经济增长的贡献度,形成新的增长动力源泉,推动经济持续健康发展。我国经济已由高速增长阶段转向高质量发展阶段,建设现代化经济体系是跨越关口的迫切需求和我国发展的战略目标。

(二)我国的发展战略要坚持党的基本路线

自改革开放以来,党和国家的工作重点一直是以经济建设为中心。目前人民对美好生活的需要不仅对物质文化生活提出了更高要求,而且在民主、法治、公平、正义、安全、环境等方面的要求日益增长；我国社会生产力水平总体上显著提高，更突出矛盾是城乡、区域、收入分配等存在的不平衡不充分等问题，这已成为满足人民日益增长的美好生活需要的主要制约因素。社会主要矛盾发生变化，关系全局，影响深远，这对党和国家的工作提出了许多新要求。党的十九大报告特别指出，社会主要矛盾的变化并没有改变我国社会主义所处的历史阶段，我国仍处于并将长期处于社会主义初级阶段的基本国情没有变。由此可见，未来我国继续坚持党的基本路线从主观上直接决定了我国发展绿色经济新探索的总体思路。

回顾我国改革开放多年的发展，正是因为我国始终坚定不移地坚持党的基本路线才取得了举世瞩目的成就。那么，在既有成功和成就的基础上，未来我国应该如何继续坚持党的基本路线呢？在这一问题上，未来必将面临新的发展环境、新的发展任务。与之相适应，党的基本路线的内容、任务、方法、路径也将随之发生根本性的改变。因此，可以通过综观党的基本路线的客观进程和规律，全面把握其中的阶段性，明晰不同时期党的基本路线不同的内容、任务、方法、路径，以便于在未来不同的阶段更加科学、更加实际地坚持和贯彻党的基本路线。

三、我国绿色经济发展新常态

绿色发展是我们党对生态文明认识与实践不断深化的过程。国家对生态文明的认识与实践是一个不断深化和成熟的过程。同时，国家出台了一系列关于生态文明建设的指导意见以及总体方案，如《关于加快推进生态文明建设的整体意见》中就提出了"绿色发展"这一新概念。

改革开放多年来，我国经济社会发展取得了令人瞩目的成就，但发展当中的不平衡、不协调、不可持续的问题同样非常突出，特别是经济发展中的资源环境代价过大，发展质量不高，经济社会发展与人口、资源、环境之间的矛盾日益突出等问题。我国生态环境恶化的趋势虽然在趋缓，但还没有得到根本的遏制。

绿色是永续发展的必要条件和人民对美好生活追求的重要体现,必须坚持节约资源和保护环境的基本国策,坚持可持续发展,走生产发展、生活富裕、生态良好的文明发展道路,加快建设资源节约型、环境友好型社会,形成人与自然和谐发展的现代化建设新格局,推进我国建设,为全球生态安全做出新贡献。

四、人与自然和谐发展

(一)充分发挥政府的作用

人与自然的和谐共生是一个非常根本的理念,要有度有序地利用自然资源,调整优化空间结构,要划定农业空间和生态空间的保护红线。自然资源、生态空间是有限度的,它不是无限度地扩展的,现在可以根据科学的方法来确定生态的红线,即生态的上限,就应该按照红线的规定来进行经济生产活动,要通过红线来构建合理的四大空间格局,即城市化格局、农业发展格局、生态安全格局、自然岸线格局。

(二)根据资源环境的承载力调节城市的规模

根据资源环境的承载力调节城市的规模是发展绿色经济的一个重要要求。优化城市空间布局和形态功能,确定城市建设约束性指标。按照严控增量、盘活存量、优化结构的思路,逐步调整城市用地结构,把保护基本农田放在优先地位,保证生态用地,合理安排建设用地,推动城市集约发展。例如,北京应该按照人口规模的一个根本的制约因素,即水资源的承载力来调节城市规模和人口数量。

(三)依托山水地貌优化城市形态和功能

依托山水地貌特征来优化城市形态和功能,实施绿色规划、绿色设计和施工标准。特别典型的是各个城市都在建摩天大楼,而摩天大楼都是千篇一律的玻璃幕墙。其实玻璃幕墙并不适合我国的气候,玻璃幕墙最初是在德国、法国这些国家推广的,这很符合它们国家的气候。这些国家处于欧洲中部和北半球偏北的地方,它们有典型的地中海区域的气候特征,冬天相对而言比较冷,夏天也不太热。这种气候条件特别适合玻璃幕墙,夏天不用开空调,所以整个玻璃幕墙的成本不太高;而冬天天气又比较冷,玻璃幕墙可以起到保温、吸收阳光、增加采光的作用。但我国的夏天普遍高温,玻璃幕墙吸收了更多的热量,导致现在的建筑能耗非常高,需要大型的中央空调来给玻璃幕墙的建筑进行降温,所以玻璃幕墙不太符合我国城市的要求和形态。

(四)推动传统制造业的绿色清洁与改造

支持绿色清洁发展,推进传统制造业的绿色改造,建立起绿色低碳循环发展的产业体系,鼓励企业进行工业技术装备的更新,不仅仅要发展新兴的绿色产业,而且要将传统的制造业进行绿色化改造。绿色制造要求在保证产品功能、质量的前提下,综合考虑环境影响和资源效率,通过开展技术创新及系统优化,将绿色设计、绿色技术和工艺、绿色生产、绿色管理、绿色供应链、绿色就业贯穿于产品全生命周期中,使环境影响最小、资源能源利用率最高,实现经济效益、生态效益和社会效益协调优化。传统的制造业通常是高耗能的产业,既浪费大量资源,又造成了大量的环境污染,在此基础上要推动传统制造业的绿色清洁与改造,可以发展绿色金融,设立绿色发展基金。例如,发展绿色信贷,银行面对这些高能耗、高污染的企业设置一定的限制,如能耗过高、污染过严重的企业,银行就不贷款,用金融的手段来推动绿色发展。

自改革开放以来,我国制造业发展取得了举世瞩目的成就,我国已成为世界第一制造大国和第一货物贸易国。然而,"高投入、高消耗、高污染"的增长模式在较长时期内主导着工业发展,资源浪费、环境恶化、结构失衡等问题突出。当前,在经济新常态下,我国进入工业化后期,制造业仍有广阔的市场空间,同时也面临新工业革命新一轮全球竞争的挑战。后国际金融危机时代,发达国家倡导"低碳发展"的理念,推动绿色经济发展。在这种大的国际国内背景下,我国大力发展绿色制造具有重大意义,不仅是新型工业化、推动我国制造由大转强的重要要求,而且是加快经济结构调整、转变发展方式的重要途径,同时也是应对全球低碳竞争的重要举措,是保障我国能源和资源安全的重要手段。

(五)培养公民自觉的环境保护意识

加强资源环境国情与生态价值观的教育,培养公民的环境意识,推动全社会形成绿色消费的自觉。近年来,我国生态文明宣传教育总体上取得明显成效,但也存在一些问题,如一些地方和部门尚未形成积极自觉地开展生态文明宣传教育的氛围,存在"说起来重要、干起来次要、忙起来不要"的现象,工作不扎实、不到位。为解决这一问题,应突出重点,抓好落实,进一步加强生态文明宣传教育,着力增强三个意识。一是节约自然资源意识。通过生态文明宣传教育,让人们认识到很多资源是不可再生的,随着人口不断增长,加之存在浪费现象,石油紧张、矿物减少、淡水缺乏、粮食短缺等问题直接威胁人类长远发展,增强节约资源意识,自觉养成节约一滴水、一粒粮、一度电的良好习惯。二是保护环境意识。通过生态文明宣传教育,让人们认识到片面追求经济增长、忽视环境保护必然导致环境灾难,如气候变暖、酸雨频发、土地荒漠化、海洋污染等,这将给人们的生命和财产带来巨大损失;引导人们树立保护生态环境就是保护生产力、改善生态环境就是发展生产力的理念,坚持走可持续发展道路。三是改善生态意识。通过生态文明宣传教育,让人们认识到掠夺式地向自然界索取,无节制地排放废弃物,自然界必将承受不了,从而带来生态危机,最终将危及人类生存发展;引导人们深刻理解人与自然相互影响、相互作用、相互制约的关系,自觉形成尊重自然、热爱自然、人与自然和谐相处的生态价值观。

五、加快建设主体功能区

要加快建设主体功能区就要加大改革创新力度,积极完善各项相关政策。在推进经济结构战略性调整、促进城乡区域协调发展、引导产业发展布局、保障和改善民生、促进城乡区域基本公共服务均等化、强化节能减排和应对气候变化等工作中,都要按照主体功能区建设的需要,把相关政策区域化和具体化,充分发挥实施主体功能区战略的引领和带动作用。从各类主体功能区的功能定位和发展方向出发,把握不同区域的资源禀赋与发展特点,明确不同的政策方向和政策重点。对优化开发区域,要着力引导提升国际竞争力;对重点开发区域,要促进新型工业化、城镇化进程;对限制开发区,要增强生态服务功能;对禁止开发区域,要加强监管。把投资支持等激励性政策与空间管制等限制、禁止性措施相结合,明确支持、限制和禁止性政策措施,引导各类主体功能区把开发和保护更好地结合起来。通过激励性政策和管制性措施,引导各类区域按照主体功能定位谋发展,约束各地不合理的空间开发行为,切实把科学发展和加快转变经济发展方式的要求落到实处。推进主体功能区建设是一项系统性工程,需要有关部门多方协作、相互配合、统筹推进。要按照《全国主体功能区规划》明确任务分工和要求,从发展改革部门的职能出发,突出政策方向和重点,注重把握政策边界,与其他部门配套政策相互支撑,形成政策合力,增强政策综合效应。要正确处理政府与市场的关系,充分发挥市场配置资源的基础性作用。要针对各类主体功能区的不同功能定位,确定不同的调控方向和调控重点,充分发挥政府投资等政策的导向作用,充分调动中央和地方、政府与社会的积极性,引导社会资金按照主体功能区的功能要求进行配置,逐步完善国土空间科学开发的利益导向机制。

加快建设主体功能区,虽然国家已经推动了很多年,但地方的落实还存在很大的差距。要发挥主体功能区在国土空间开发保护过程中的基础作用,就要落实主体功能区规划,完善政策,发布全国主体功能区规划图和农产品主产区以及重点生态功能区的目录,推动各地依据主体功能区的定位发展,以主体功能区为基础,统筹各种空间性规划,推进多规合一。

多规合一是指将原来的城市规划、土地利用规划以及环境规划等一系列的相关规划合理地结合起来,因为原来各个规划各管各的事,有的指定这个土地是建设用地,有的指定这个土地是环保用地,所以就会经常出现规划之间"打架",甚至很多规划从来没有实施过的情况。要想将这些规划合并成一个合理的规划,这就需要用绿色发展进行统筹,用绿色发展的理念将它落到实处。

要推动重点开发区域产业和人口聚集度的提高。有些地方要合理布局产业和人口,现在各个地方的工业园区都在招商引资,但引进来的企业不一定符合当地的发展及产业链的需要。例如,引进来一个钢厂,但当地没有铁矿石的供应,不能进口或无法自己开采,那钢厂就难以为继。所以,要推动重点开发区域的产业和人口的聚集,应将经济发展的重点放在重点开发区域上,而重点生态功能区域要实行产业准入的负面清单,高能耗、高污染的企业绝对不能进入重点生态功能区。

加大对农产品主产区以及重点生态功能区的转移支付力度,这就需要国家统筹考虑。所以,要建立横向性和流域性的生态补偿机制,整合建立一批国家公园。国家公园的一个最重要的核心是既能够保护自然环境,又能够实现经济效益。我国地大物博,自然景观和人文景观遍布全国,且各具特点,具有建立发展国家公园的丰富资源。因此,要充分利用景观资源,整合、统筹、着力建设一批国家公园。同时,要维护生物多样性,实施濒危野生动物抢救性的保护工程,建设救护繁育中心以及基因库。

六、推动低碳循环发展

发展低碳经济要推动能源革命,要加快能源技术创新,构建清洁低碳、安全高效的现代能源体系,要提高非化石能源的使用比例,要推进煤炭等化石燃料的清洁高效使用,加快发展风能、太阳能、生物质能、水能、地热能,安全发展高效的核能,加强储电、智能电网的建设,充分发展分布式能源,推行节能低碳电力调度,有序开放开采权,形成天然气、煤层气、页岩气积极开发的态势,改革能源体制,形成有效的市场竞争。要推动整个能源改革,对于能源战略,一定要有清晰的认识。

(一)推进交通运输业的低碳发展

绿色交通是 21 世纪以来世界各国城市交通发展的主要潮流,步行、自行车、公共交通在占用交通面积、耗能和废气排放方面比私人小汽车具有明显的优势,是发展城市绿色交通、建设节约型交通体系的有效方式。推进交通运输的低碳发展,优先就是要进行公共交通的绿色低碳发展,加强轨道交通建设,鼓励自行车等绿色出行方式。由私家车出行带来的污染也非常严重,所以要实施新能源汽车的推广计划,提高电动车的产业化水平,提高建筑节能标准,推广绿色建筑和建材。绿色循环低碳交通适用于铁路、公路、水路、民航和邮政等领域,在保证实现国务院确定的单位GDP 碳排放目标的前提下,全行业绿色循环低碳发展意识明显增强,运行体系机制更加完善,科技创新驱动能力明显提高,监管水平明显提高,行业能源和资源利用效率明显提高,控制温室气体排放取得明显成效,适应气候变化能力明显增强,生态保护得到全面落实,环境污染得到有效控制,基本建成绿色循环低碳的交通运输体系。

(二)加强对高能耗产业的管控

高耗能是指在生产过程中耗费大量的能源,如煤、电、油、水、天然气等。其主要涉及电解铜、电解铝、石油加工、炼焦、化工、铜冶炼、铁合金、电石、烧碱、水泥、钢铁、黄磷、锌冶炼这 13 个高耗能行业。高能耗产业一方面过度消耗了资源,另一方面给环境造成了比较大的污染。加强对高能耗产业的管控,有效控制电力、钢铁、建材、化工等重点行业的碳排放,支持优化开发区域,实现碳排放峰值的目标,实施近零碳排放区域的示范工作。

(三)推行企业循环式生产与改造

我国要实施循环发展引领计划,要推行企业循环式的生产、产业循环式的组合、园区循环式的改造,要减少单位产出的物质消耗,加强生活垃圾分类回收和再生资源回收的衔接。其中,垃圾回收制度是一个非常重要的制度,需要进一步推广,推进生产系统和生活系统的循环连接。

要初步形成绿色循环低碳产业体系,实现企业循环式生产、产业循环式组合、园区循环式改造。全面推行循环型生产方式,单位产出物质消耗、废物排放明显减少,循环发展对污染防控的作用明显增强。同时,还要基本建立城镇循环发展体系,构建新的资源战略保障体系,形成绿色生活方式。其中,企业循环式生产包括推行产品生态设计,选择重点产品开展"设计机构+应用企业+处置企业"协同试点;推广3R(减量化、再利用、再循环)生产法,发布重点行业循环型企业评价体系。产业循环式组合方面包括推动行业间循环链接,组织实施产业绿色融合专项,在冶金、化工、石化、建材等流程制造业间开展横向链接;建立跨行业的循环经济产业链。园区循环式改造包括新设园区和拟升级园区的循环经济发展专项规划制定,或按产业链、价值链"两链"集聚项目;对存量园区实施改造,实现企业间、产业间的循环链接,增强能源资源等物质流管理和环境管理的精细化程度等。

七、全面节约和高效利用资源

观念决定行动,行动决定出路。所以要建立起节约集约循环利用的资源观,强化约束性指标的管理,实施能源和水资源的消耗、建设用地等的强度与总量的双控。

除了国家的政策支持和引导以外,普通民众的节水、节能意识对绿色经济发展也非常重要,应实施全民节能计划,提高节能、节水、节地、节材、节矿标准,开展能效、水效领跑者引领行动。要严控水资源总量,国家应提出实行最严格的水资源管理制度,以水定产、以水定城,建设节水型社会,合理制定水价,编制节水规划,实行雨洪资源的利用、再生水利用、海水淡化工程。国家非常重视水资源管理,如建设国家地下水监测系统,开展地下水超采区的综合治理。

此外,建立健全用能权、用水权、排污权、碳排放权的初始分配制度,构建有偿使用、预算管理、投融资机制,培育和发展交易市场,推进合同能源管理和合同节水管理。用市场化的手段来推进环境保护与资源保护是非常重要的一个方式。

土地资源、能源、污染物排放成为现在主要的约束性指标。鉴于此,地方政府也提出了应对之策:用一些评价指标对企业进行排序,这些指标有亩均的税收(反映土地的情况)、亩均的销售收入、亩均的工业增加值,这三个指标都反映了对土地的利用效率。另外,还有单位能耗的工业增加值,反映了能源消耗;单位每吨的化学需氧量(COD)的工业增加值反映了污染物的排放;全人类劳动生产力反映了劳动力要素的素质。根据这些排序,将企业分成三大类,一类是比较好的,二类是中等的,三类是比较差的。一类的企业会拥有一些政策倾向,如比较优惠的城镇土地使用税、比较优惠的电价、比较优惠的用能价格、比较优惠的污水处理收费价格、排污权的市场使用价格。地方政府还可以开设一整套交易市场,针对那些的确做得比较差的企业,要提高用地的价格,可以出售一些工业用地;如能耗水平比较低,可以将新增的用能权出售;如排污,结余下的排污权也可以出售,就可以将资源和环保要素盘活。

通过这种方式,可以大幅度地倒逼企业进行资源环境的保护与建设。

此外,要倡导合理消费,抵制"四风",力戒奢侈消费,制止奢靡之风。在生产、流通、仓储、消费等环节要全面落实节约。要管住公款消费,坚决反对过度包装,反对食品浪费。全社会贯彻绿色消费理念,推动形成勤俭节约的社会风尚。

八、加大环境治理的力度

通过加大环境治理力度来实现绿色发展。要推进多污染物的综合防治和环境治理,实行联防联控和流域共治,要深入实施大气、水、土壤、污染物的防治行动计划,要实施工业污染源全面达标计划,实现城镇生活污水、垃圾处理设施的全覆盖和稳定运行,扩大污染物总量的控制范围,将细颗粒物等环境质量指标加入约束性指标。

同时,要坚持城乡环境治理并重,特别强调要完善农业污染的防治制度,统筹农村饮水安全、改水改厕、垃圾处理,推进种植业和养殖业的废弃物资源的循环化、资源化、无害化的利用。在农村,关于环境污染,一个最重要的方面就是传统的农耕方式中对于种植垃圾的处理,即秸秆焚烧。传统的农民习惯于将没有用的秸秆直接在土地上进行焚烧,他们认为这种方式既省事又省力,而且是从祖辈就传下来的方式,并没有觉得有任何不妥。但从环境保护的角度来考虑,这种污染是现下应该予以制止的。在农村,基层干部应该通过画报宣传、田间地头与农户进行交流来向他们传递知识。同时,要普及广大农民群众的环保意识,培养他们的生态环境价值观,只有从内心和思想上形成自觉主动的环境保护意识,才能够真正改变传统的生产方式,发展现代绿色农业。

此外,还有一个重要的领域是改善环境治理的基础,要求建立覆盖所有固定污染源的企业排放许可制度,实行省级以下环保机构,监测监察执法制度,垂直管理制度,这有利于环境执法的统一性、权威性、有效性。而且,要建立全国统一的实时在线的环境监控体系。现在面临的一个问题是环境数据不统一、不一致,这需要通过统一的实时在线的环境监控系统,建立健全环境信息公开发布制度,让老百姓能够得到环境的数据,并探索建立跨地区环保机构,开展环保督察巡视,严格环保执法。

九、筑牢生态安全屏障

首先,要坚持保护优先,自然恢复为主,实施山、水、林、田、湖生态保护和修复工程,构建生态廊道和生物多样性保护网络,全面提升森林、湖泊、湿地、草原、海洋等自然系统稳定性和生态服务的功能性。管制用途和修复生态都必须遵循自然规律,这是很重要的一个因素。

其次,要开展大规模的国土绿化行动,加强林业重点工程建设,完善天然林保护制度,全面停止天然林的商业性采伐,增加森林面积和蓄积量,发挥国有林场和林区在绿化国土中的带动作用,要扩大退耕还林、还草的面积,加强草原保护,严禁移植天然大树进城。现在有些城市中的绿化速度非常快,绿色提升率非常高,但很多是将其他地区的大树移进城,大树移植后很难存活,而且又破坏了大树原先所在的生态环境。同时,要创新产权模式,引入各方资金投入植树造林当中。

第三节　可持续发展概述

一、可持续发展

　　可持续发展的概念包罗万象,综合分析来看主要包括了自然资源、GDP、环境因素和社会公平。现代社会的发展是经济、生态、人文的全面发展,主要分成三方面,即生态发展、经济发展和社会发展。可持续发展就是三者的协调一致,三者的可持续性统一。在理解可持续发展概念的时候,要注意全面性问题,不能忽略其中任何一项。

　　生态可持续发展是整个可持续发展系统的基础,也是重中之重,另外要以经济可持续发展为主导,以社会可持续发展为保证。经济可持续发展存在于生态可持续发展的基础上,现代经济社会系统是建立在自然生态系统基础之上的巨大的开放系统,以人类经济活动为中心的社会经济活动都是在大自然的生物圈中进行的。任何经济社会活动都要有作为主体的人和作为客体的环境,这两者都是以生态系统运行与发展作为基础和前提条件的。同时任何社会生产,不论物质生产,还是精神生产,以至于人类自身生产,所需要的物质和能量,无一不是直接或间接来源于生态系统。所以,在生态系统和人类经济社会活动中,生态系统是经济社会活动的基础。人类社会的发展必须以生态系统为基础。现在,越来越多的人认识到,随着现代经济社会的发展,必须考虑到生态环境改变对社会经济所起的决定性作用。现代经济社会发展必须以良性循环的生态系统及其生态资源持久、稳定的供给能力为基础,使现代经济社会的发展绝对地建立在它的生态基础上,并确保这种基础受到绝对保护并且健全发展,使其能够长期地、稳定地支撑现代经济社会的健康发展。经济可持续发展是指不以伤害后代人的利益为前提来满足当代人的需求的发展,它保障人类发展的长期利益和后代人的持续收入。

经济可持续发展的关键要义就是解决当代的发展与后代的发展之间的协调关系,以保障子孙后代的利益。要从这个基本立足点出发,优化社会资源配置,从而解决好当代发展过程中经济社会发展和生态环境改善之间的协调关系,并形成相互适应的良性循环,不断提高保证人民群众目前需要和长远需要的供给能力,这就把人类发展的长远利益和眼前利益、局部利益和整体利益结合起来,以便满足当代人的需求和后代人的需求。因此,经济可持续发展的一个重要方面就是经济增长和人们生产经营活动的可获利性,它要求国民经济系统有保持它的产出水平等于或大于它的历史平均值的能力,是个产出没有负增长趋势的系统,而且经济增长既重视数量增加,又重视质量改善,还要降低消耗,节约资源,减少废物,提高效率,增进效益,力求经济增长和经济收益的变异性较低或最低,从而保证国民经济持续、稳定、协调发展。社会可持续发展既能保障当今社会多因素、多结构的全面协调发展,又能为未来社会多因素、多结构的全面协调发展提供基本条件,至少不削弱这种发展能力。这是一种长时期促进社会公正、文明、健康发展的社会全面进步过程。

社会可持续发展的核心就是以人为本,一切发展的目标是为了人和服务人,在新的时代背景之下人更加注重全面发展,在满足物质需要的基础上注重精神生活的充实,不断提高人的生活质量和社会的公平正义。发达国家强调环境持续优先原则,认为可持续发展就是保护与改善环境质量和资源,似乎可持续发展等同于生态可持续发展。发展中国家强调经济持续优先原则,认为可持续发展更要注重经济发展,似乎可持续发展就是经济可持续发展。可持续发展之所以能被发达国家和发展中国家普遍认可和接受,原因在于发达国家和发展中国家之间存在一个结合点,即双方都希望生态环境与经济社会协调发展,实现它们之间的紧密结合和有机统一。一个国家的发展不光要追求经济效益,而且要讲究生态环境效益和社会效益,强调经济活动的生态合理性和公平性,摒弃有害于环境保护和资源永续利用的经济活动方式,达到经济效益、生态效益和社会效益的统一。这样,既能满足人类的各种要求,又能保护生态环境和资源,还不危及后代人的生存和发展。

二、经济可持续发展

经济的可持续发展要求人们正确处理两个关系:一个是经济发展与资源环境的关系,另一个是当代经济发展与后代经济发展的关系。经济发展要与资源环境协调一致,坚决杜绝以牺牲环境为代价的经济发展模式,把环境保护和经济发展协调起来,寻找最优组合点。有一些发展中国家为了提升经济实力以牺牲环境和资源为代价发展经济,虽然解决了当代人的生存发展问题,但是给后代人留下了隐患。

经济可持续发展主要包括五方面的内容。

第一,经济可持续发展要以自然资源为前提,同环境承载能力相适应。经济可持续发展强调经济持续发展的资源基础的维持、发展和能力建设,它特别强调环境承载能力和资源永续利用对经济发展进程的重要性和必要性。如果未来人口不增长,经济可持续发展意味着未来人拥有与当代人同样的资源基础,以获得同样的福利产出。如果人口将持续一段时期的增长并伴随着生活质量的上升,经济可持续发展就意味着人类的资源基础必须获得相应的发展。经济可持续发展的实现,要运用资源修复原理,增强资源的再生能力,引导技术变革使再生资源替代非再生资源,并运用行之有效的政策,限制非再生资源的利用,使资源利用结构趋于合理化。在经济发展的同时必须保护环境,必须改变以牺牲环境为代价的生产和消费方式,控制环境污染、改善环境质量,同时要保护生命支持系统、保持地球生态的完整性，使人类的发展保持在地球承载范围之内。传统经济核算中的利润产出里有一部分应被视为资源转移或资源折旧，利润的这一部分只能用于资源的维持和替代资源的开发，只有这样的经济发展才是可持续的。

第二，经济可持续发展并不否定经济增长，但要重新审视实现经济增长的方式。经济可持续发展反对以追求最大利润或利益为取向，以贫富悬殊和资源掠夺性开发为特征的经济增长，它所鼓励的经济增长应是适度的，同时注重经济增长质量提高。经济可持续发展以低度消耗资源的国民经济体系为运行机制和基本途径。以耗竭资源为基础的消耗型经济，只能是暂时的、不持续的。经济可持续发展强调资源再生能力，合理开发与利用资源，降低资源的消耗，提高资源利用率和人口承载力；反对掠夺开发与恶性开发，制止高消费与恶性消费，杜绝挥霍浪费。这样，才能实现经济效益最佳、生态效益最好、社会效益最优的有机统一。

第三，经济可持续发展要求实现公平与效率的统一。公平主要指人类在分配资源和获取收入或积累财富上机会的均等。经济可持续发展要求给世界同代人以公平发展的机会，反对富国利用发展中国家的资源来实现自己的经济增长；要求在国家的范围内给予人民全面参与政治、经济和社会生活的权利；创造制度条件使人们在市场竞争中处于同一起跑线，采用经济政策消除悬殊的贫富差距。同时，应该认识到全人类赖以生存的自然资源是有限的，一代人不能为了自己的发展和需求而损害后代人利用自然资源和生态环境的权利，而应自觉地考虑到资源的代际公平分配问题，明智地担负起代际之间合理分配资源和占有财富的责任。效率是指资源的有效使用和有效配置，它是经济可持续发展的内在要求。在经济发展过程中，有限的资源必须得到合理配置和高效利用。在公平与效率的关系问题上，经济可持续发展认为两者相辅相成、互相促进和高度统一。一方面，提高效率，提高生产力为公平地分配资源和收入再分配提供物质基础；另一方面，发展机会的均等必然会提高人们的生产积极性，从而促进效率的增加。

第四,经济可持续发展与知识经济有着自然的联系。随着部分发达国家完成了工业化进程,知识经济的雏形已在少数发达国家中产生,知识在经济中的作用显著增强,从而为减轻人类经济活动对资源、环境的压力提供了可能。经济可持续发展促进知识经济的诞生,为知识经济的形成和发展提供了一个人与社会,经济与自然协调发展的环境。反过来,只有发展知识经济才能实现经济可持续发展。在农业经济和工业经济时代,自然资源是经济发展的主要物质资源,而在知识经济中,知识减少了人们对原料、劳动、空间和资本的需要而成为经济发展的主要资源。知识使得人们把自然资源的潜力充分发挥出来,并加以合理有效地利用。知识和技术进步又是原材料革新的动力源泉,不可再生资源的利用逐渐被新的物质所代替。知识与技术对环境的影响是巨大的。环境污染主要是当代工业生产对资源的滥用引起的,而以环境清洁技术为标志的环保产业的迅猛发展正是知识经济发展的结果。知识经济本身就是促进人与社会,经济与自然协调的可持续发展的经济。

第五,经济可持续发展以提高生活质量为目标,同社会进步相适应。经济可持续发展要满足现代人的基本需要,包括物质的、精神的和生态的需要,提高人的素质,实现物质文明、精神文明和生态文明的高度统一与协调发展。经济可持续发展是一个涉及经济、社会、文化、技术及自然环境等的综合性概念。实行经济可持续发展,不能把经济、社会、技术和生态因素割裂开来。

三、绿色发展

绿色发展是在新的时代背景之下产生的一种新的发展模式,绿色发展要受到环境和资源承载力的约束,通过保护自然环境来实现可持续发展的一种新型理念和模式。绿色发展的核心要素是合理利用资源、保护环境和维护生态系统平衡。绿色发展的目标是实现经济、社会、人文和环境的可持续发展。绿色发展的途径是依靠绿色环境、绿色经济、绿色政治和绿色文化等实践活动实现生态化的发展目标，最终实现人与自然协调发展的目标。因此，绿色发展成了当今世界的重要发展趋势，许多国家在绿色理念的指导下，把绿色发展作为推动本国社会发展的重要举措和基本国策。可遗憾的是，至今为止，对于绿色发展概念的界定，尤其是对其内涵的解读始终没有一个科学和清晰的共识。这不仅导致概念使用上的混乱，而且不利于绿色发展本身的理论建构，更不利于制定针对性政策，以充分发挥其对发展实践的指导作用。

在绿色发展这个系统概念中，内含着绿色环境发展、绿色经济发展、绿色政治发展、绿色文化发展等既相互独立又相互依存、相互作用的诸多子系统。

（一）绿色环境发展

绿色环境发展是绿色发展的自然前提。绿色环境发展是指通过合理利用自然资源，防止自然环境与人文环境被污染和破坏，保护自然环境和地球生物，改善人类社会环境的生存状态，保持和发展生态平衡，协调人类与自然环境的关系，以保证自然环境与人类社会的共同发展。工业革命之后，因为煤炭等化石能源被掠夺性的大量地球环境采用开始从传统的绿色走向了灰色，由此导致的环境污染和生态失衡直接危及人类的生存。一般而言，地球环境问题主要包括环境污染和生态破坏两方面。环境污染指人类活动产生的废水、废气、废物对自然环境产生的伤害；生态破坏指人类活动造成的生态结构失衡和生态系统再生能力丧失。当人类向环境索取资源的速度超过了资源再生的速度，或向环境排放的废弃物超过了环境的自净能力时，势必导致地球生态系统失调，使得自然环境和人文环境质量迅速下降，最终危及自然和人类的生存与发展。

一方面，人类的发展离不开绿色环境提供的各种自然资源和人文资源；另一方面，绿色环境发展又是人与自然保持和谐、人类文明得以延续的前提和保证，是社会可持续发展的必要条件。因此，面对日益广泛和严重的全球环境生态问题,绿色环境发展刻不容缓。当人类把掠夺和征服自然视为某种价值实现时,环境污染、生态破坏、人类生存危机的出现就不可避免。人类目前所面临的所有环境问题和生存危机,是在拥有空前发达的科学技术和先进生产力的背景下产生的。先进生产力虽然给人们带来发展的繁荣和福音,但也导致了自然环境、人文环境、生存环境的多重危机。这意味着绿色环境的发展并非单纯先进的生产力和发达的科学技术水平就能决定的,意味着绿色环境的健康发展,首先要解决的不是科学技术的手段问题,而是人类的生态理念和对绿色环境发展的认知问题。这就要求我们必须把绿色环境发展与可持续发展理念紧密联系起来,并将其放到生态文明建设以及重铸人类社会发展价值目标的大背景中去加以反思。承认自然环境的绿色价值,追求天人合一的境界,尊重并维护绿色环境系统的完整、稳定、永续,这是人类社会得以进一步发展的前提,更是人类文明得以延续的保障。近代以来,单纯追求经济增长所导致的发展异化现象,使人们深刻认识到:绿色环境发展是可持续发展思想的具体体现,更是可持续发展战略的实现形式和必由之路。

可持续发展在鼓励经济增长的同时,强调通过发展的综合决策,做到自然资源的永续利用和生态环境的健康发展,力图通过人与自然的和谐发展,实现环境保护目标、经济增长目标和社会进步目标。可见,一方面,绿色环境发展是实现可持续发展的前提;另一方面,也只有实现了可持续发展,绿色环境发展才有可能。

(二)绿色政治发展

绿色发展的制度保障是绿色政治的发展,绿色政治把反对环境污染、维护生态平衡作为社会政治发展的基本出发点和最终落脚点,构建能够保护自然环境、保障生态健康发展的政治结构模式,以建立公正、平等、和谐的政治民主、公民自由的生态社会新秩序。

绿色政治理念最早可以追溯自启蒙时期的思想家卢梭。卢梭认为:具有原始状态特征的自然可以最充分地展示和表达人之内心状态、完整

人格和精神 自由,而所谓的人类文明反而是对人之心灵的关押和奴役。为了摆脱社会的压迫,抛弃文明的偏见,卢梭呼吁让人类回归自然。此言虽然有失偏颇,但作为人类绿色政治理念的萌芽在当时已经足够先进。尽管启蒙时代就产生了最早的绿色政治理念,但是,绿色政治思想的体系化以及绿色政治作为一种思潮的迅速发展却发生在 20 世纪 70 年代。面对工业革命造成的全球环境和生态日趋严重的污染和破坏,人类的生存危机空前严重地凸显出来。发达工业化国家的环保人士组成了绿色和平组织,从政治的高度反对传统政治制度和经济发展模式对地球生态系统的忽视和破坏,呼吁实现国际社会中不同群体、不同阶级、不同性别、不同种族之间公平对待、和平共处的新型政治关系。通过将环保问题演化和转型为政治问题,使生态思维、生态理念、生态诉求开始进入了政治领域。这一明晰的绿色政治思潮突破了传统的意识形态界限,逐渐形成了外国的绿色政治运动和愈益具有影响力的政治力量。尤其是 20 世纪 90 年代以来,世界绿色政治运动非常明确地从单纯关注生态环境问题,转为关注公众与政府共同担忧的可持续发展问题,尤其关注发展过程中公共决策和政治运行过程中的绿化问题,并将生态智慧、社会正义、草根民主、非暴力、全球责任、尊重多样性和永续发展等作为绿色政治组织的基本信念、指导原则和价值追求。

绿色政治发展是一种完全不同于传统政治发展的政治思维新模式,它将自然关怀和环保理念引入政治维度,引导人们通过协调人类与自然关系的路径来实现社会的政治发展。

绿色政治发展不仅挑战了传统的人类中心论的思维模式,也扬弃了生态中心论的思维模式,向人们展示了一种全新的绿色生态政治的发展观。21 世纪的人类愈益清晰地认识到,实现人与自然共生共荣的绿色发展目标,仅仅依靠绿色环境发展和绿色经济发展是难以如愿的。要解决环境问题,保持经济与社会的协调和持续发展,绿色政治理念和绿色政治发展是必不可少的。历史唯物主义认为,经济与政治的关系是辩证统一不可分的,经济发展虽然是政治发展的基础和前提,但是,倘若没有适应经济发展的政治发展在制度层面的保驾护航,经济发展便会停滞不前甚至倒退。绿色经济发展目标的实现,有赖于通过绿色政治发展,追求人类自身的和谐,不断优化人类的政治生态环境。无疑,绿色发展并非局限于绿色环境发展和绿色经济发展,还逻辑地包含了绿色政治发展,以及绿色政治发展过程中,要解决的人权问题、基层民主问题、妇女问题、贫困问题、和平问题等直接决定着人类社会能否实现可持续发展的诸多重大的政治课题。倘若不能解决这些世界性的重大政治问题,那么无论是绿色环境发展还是绿色经济发展都是徒有形式而毫无内容的空壳。在我国,从可持续发展战略到落实科学发展观再到生态文明社会建设,完成了生态问题向政治问题的转型,既为绿色和科学的发展提供了政治上和制度上的有力保障,也使生态问题在政治层面得到了空前的重视。

进入 21 世纪后,人类的最大危机是在恶劣环境下的生存危机,由此导致了政治主体利益诉求的重大变化——维系政治主体的纽带不再是阶级利益,而是整个人类共同面临的生态利益。传统的、反差鲜明的多色政治被当代的绿色政治所取代,它主张按照生态要求重新确认人与人、国与国、民族与民族之间的政治关系,强调从人类整体利益的角度对人类的发展目标、政治结构和政治原则进行必要的调整。正是在这一绿色政治理念的支撑下,我国在国际社会环境政治博弈、气候政治博弈日趋激烈的 21 世纪,非常睿智和有前瞻性地放下了冷战时期的意识形态之争,与国际接轨,以共同应对今日环境恶化之危机。并在应对危机的过程中,抓住机遇,获得了令世界瞩目的快速发展。当环境问题成了国际社会日益关注的政治问题时,绿色政治希望通过反思国际政治发展,确立绿色政治意识,强化人类的地球意识和生态安全意识,重新探索国际协作的方式和途径,关注全球的生态效益和人类与自然的共同发展。

(三)绿色文化发展

绿色文化发展是绿色发展内在的精神资源。传统意义上的绿色文化大都是狭义上以绿色植物为标志的文化,诸如森林文化、环境文化、林业文化、草原文化、花卉文化等。随着环境危机的日益严重化,以及可持续发展理念的日益全球化、深刻化,绿色文化的概念也从狭义走向了广义,不仅指一切不以牺牲环境为代价的绿色产业、绿色生态、绿色工程,而且还泛指具有绿色象征意义的生态意识、生态哲学、生态伦理、生态美学、生态艺术、生态教育等可以彰显人类与自然可持续发展的文化。

据此,可对绿色文化做如下界定:作为一种文化现象,绿色文化是与环保意识、生态意识、生命意识等绿色理念相关的,以绿色行为为表象的,体现了人类与自然和谐相处、共进共荣共发展的生活方式、行为规范、思维方式以及价值观念等文化现象的总和。作为特定的时代产物,绿色文化反映了生态文化系统内部各要素之间的相互关系和相互作用。

其独特的内涵和发展,使之成为有别于传统的,新兴的、先进的文化类别。它既包括思想道德素质,也包括科学文化素质;既包括历史积淀的传统,也包括文化创新;既包括文化产品的生产,也包括软环境工程的建设。人类的生存发展既依赖于良好的自然环境生态,也离不开良好的绿色文化生态。

绿色文化生态的破坏,会因为直接割断历史文化传统,严重阻碍人类自身的发展。绿色文化发展是基于一定的绿色理念和绿色价值取向进行的文化行为。其表现形式多种多样,有附着于经济活动中的绿色营销、绿色设计、绿色消费、绿色管理、绿色旅游等盈利活动;有附着于政治活动中的绿色新政、绿色组织、绿色政党进行的环境保护、扩大民主、维护人类和平等政治宣传活动;有附着于非经济、非政治形式的绿色教育、绿色传播、绿色文学等文化宣传活动。绿色文化的发展可以改变人们非绿色、去环保的生活方式和消费模式,以形成有利于保护环境、节约资源、保护生态平衡的生活方式。

第四节 绿色经济与可持续发展的关系

一、可持续发展战略是人类社会发展的必由之路

可持续发展战略认为,社会发展应该是既满足当代人的需要,又对满

足后代人需要的能力不构成危害的发展。具体说,就是谋求经济、社会与自然环境的协调发展,维持新的平衡,控制出现的环境恶化和环境污染,防止重大自然灾害的发生。它强调了发展的协调性,并认为发展与环境保护相互联系构成一个有机的整体。可持续发展的意义就在于,既要推动经济的发展,又要保护生态环境,使发展和环境趋于协调。可持续发展理论是在环境与发展的关系的理念不断更新中逐步形成的,是对传统发展模式反思的结果。可持续发展是以环境条件为基础、生态环境为依托的发展。因此,经济发展、社会进步和环境保护构成了可持续发展的三大支柱,它是兼顾经济、社会和环境效益的综合性发展模式。近年来,随着环境与资源问题逐渐成为世界各国关注的焦点,人们逐渐认识到,经济繁荣景象的背后隐藏着资源环境危机。资源环境是经济发展的物质支撑,资源的耗竭、生态环境的退化是国家财富的重大损失。国内生产总值作为衡量一个国家或地区经济增长和繁荣程度的标准,它直接反映着经济增长的现实结果。

由于传统的 GDP 未将消费的资源、生态环境破坏造成的损失计算在内,其中心的意义是社会和个人的福利增加,不能全面反映一个国家的财富和经济福利,也就不能全面反映可持续发展水平。为了真实全面地反映可持续发展水平,人们提出了绿色 GDP 的概念。近年来,一些发达国家纷纷对其国民经济计量体系进行了调整,以绿色 GDP 代替传统的GDP。其核心是把产品生产、资源耗费的计量、管理与生态环境结合起来。绿色 GDP 是扣除环境污染、生态破坏损失后的 GDP。传统的 GDP表述的是经济增长,而绿色 GDP 代表的是经济发展,是真实反映可持续发展、社会福利、社会进步的国民经济指标。

目前,为促进可持续发展战略的实施,环境保护部决定采取以下六大措施促进循环经济发展:一是加快制定促进循环经济发展的政策和法律法规,二是加强政府引导和市场的推进作用,三是促进经济结构战略性调整,四是倡导绿色消费,五是探索建立绿色国民经济核算制度,六是建立循环经济的绿色技术支撑体系。实现可持续发展,坚持以人为本,从人的因素着手,关注和解决人的问题;更重要的是增强人的素质和意识,增强人的环境意识,增强人与自然协调发展的观念;选择健康、文明绿色的生产和生活方式;培养人与自然协调共存的能力,才能从根本上解决环境资源的问题,从而真正实现可持续发展战略。

二、发展绿色经济是实现可持续发展战略的重要组成部分

当今世界,社会经济的绿色水平日益重要。要确保可持续发展战略的顺利实施,就绝不能走"先污染、后治理"的老路,必须在现有条件和工作的基础上,充分利用经济手段和市场机制来促进可持续发展,同时达到经济快速增长、消除贫困和保护环境的目的。而同环保密不可分的绿色经济则能把环境保护和可持续发展统一起来。人口众多、资源利用率低、生态环境呈恶化趋势,是不得不面临的严峻现实。随着绿色文明、绿色革命、绿色运动的蓬勃兴起,出现了巨大的绿色市场、绿色产业、绿色产品、绿色消费,全球进入了绿色生产力、绿色经济时代。绿色经济对保护和维护自然资源、生态环境及实施可持续发展战略重大的、长远的、全局性的效益是无可计量的。绿色经济是经济再生产与生态再生产相统一的持续经济,是在经济知识化和全球化条件下市场竞争与生态竞争相统一的持续经济,是经济效益、生态效益和社会效益相统一并最大化的持续经济。它强调以人为本,以发展经济、全面提高人民生活质量为核心,保障人与自然、人与环境的和谐共存,同时又能促进经济持续、快速、健康的发展,使自然资源和环境得以被永久利用和保护。绿色经济的兴起,将会使国民生产总值以乘数效应增长,对经济产生巨大影响。由于发达国家的绿色壁垒,我国在加入 WTO 后,在国际贸易方面不断受其困扰。而发展绿色经济,将有助于绿色产业的兴起;有助于绿色生产力的实现,进而提高生产力的发展质量;有助于打破发达国家的绿色壁垒,提高我国经济发展的质量和国际竞争力。

三、在可持续发展战略指导下发展我国的绿色经济

我国的经济正处在工业化的高速发展时期,当代人类社会面临的一些问题,比如庞大的人口群、相对短缺的资源、不断加剧的环境污染等,在我国都有体现,大力发展绿色经济应成为我国可持续发展战略的重要组成部分。目标是在实现经济快速发展的同时,建立一个资源节约型的经济体系,以尽可能少的环境代价实现经济的快速发展。因此,如何在可持续发展战略的指导下打造我国的绿色经济,是摆在我们面前的一项重要任务。

建立绿色经济制度。发展绿色经济要以建立一系列的绿色规则和绿色考核制度为保障,即制定生态环境政策和建立经济一体化的经济制度。只有将自然资源和生态环境成本纳入规范经济行为和考核经济绩效中,才能达到促进经济与资源环境协调发展的目的。

绿色基础制度。包括绿色资源制度、绿色产权制度、绿色技术制度、绿色市场制度、绿色产业制度、绿色产品设计制度等。从资源、产权、技术、市场、产业、产品设计等方面,为绿色经济发展提供基础和保障。

绿色规则制度。包括绿色生产制度、绿色消费制度、绿色贸易制度、绿色营销制度、绿色管理制度等。从生态环境和经济绩效两方面,对各种经济行为进行规范和约束,实现在经济发展中对经济资源和生态资源进行有效的配置。

绿色激励制度。包括绿色财政制度、绿色金融制度、绿色税收制度、绿色投资制度等,为绿色经济发展提供动力机制和制度保障。

绿色考核制度。包括绿色会计制度、绿色审计制度、绿色国民经济制度等。定量地将生态环境成本的存量消耗与折旧及保护与损失的费用纳入经济绩效的考核中,实现对经济主体的真实绩效考核。

推行绿色理念,开展绿色教育。通过宣传和教育,提高人们的生态和环境保护意识,这将是非常迫切的一项任务。所以,推行绿色理念,宣传和提倡绿色生活方式,倡导绿色消费,对决策管理者进行相关教育等措施

都将有利于绿色经济的发展。

建立绿色国民经济核算制度。各国的历史经验都表明,单纯以经济增长为目标的发展模式不可能持续。因此,建立绿色国民经济核算制度已成为一项十分迫切的任务。绿色核算体系的建立将对实现经济增长、社会进步和环境保护的三赢目标产生广泛而深远的意义。

调整传统工业结构,发展绿色生产。首先,加快产业结构的调整和技术支撑,将现代科学技术渗透到资源的开发和利用中,用消耗少、效益高的高新技术来改造或代替传统产业,实现产业结构的优化,促使工业布局向资源节约型和质量效益型转变。其次,推行清洁生产,推广和应用清洁工艺和清洁生产是工业发展的国际潮流,是防治工业污染、保护环境的根本出路。因此,大力推行清洁工艺和清洁生产,将使我国的工业发展发生质的飞跃。将传统的企业非持续发展模式转变为现代企业可持续发展模式,实现绿色转型和绿色调整,建立生态化与知识化、可持续化与集约化相统一的新型绿色企业,使原来的产业转变成既有利于产业发展,又有利于自然资源和生态环境的良性循环,将是 21 世纪企业发展的主导模式。

建设生态农业。我国正处在传统农业向现代农业转型时期。传统农业由于生产力水平低下,难以满足大量增长的人口。现代农业则由于化肥、农药等对环境和农产品产生污染,危害人类的生存和发展,因此,如何合理利用生态资源,发展农业生物技术,发展生态农业,将是实现农业可持续发展的关键。

提倡绿色消费。绿色消费是一种以自然、和谐、健康为宗旨的消费形式。随着绿色潮流的到来,绿色消费已成为一种国际时尚。其产品按照有利于环境保护、符合生态规律的思路进行设计和生产。我国应大力发展绿色科技,开发、推广绿色产品,倡导绿色消费,使绿色消费成为一种自觉行动,以此来推动清洁生产技术和绿色产品设计的发展。虽然目前我国消费者的绿色消费意识逐渐增强,但与发达国家相比仍有待提高。通过多途径宣传绿色消费的观念,绿色消费观念将大大推动我国绿色产业的发展。

第五节 绿色发展与可持续发展

一、绿色发展与可持续发展战略的关联性

可持续发展战略是在人口、资源、环境日益严峻的背景下产生的,它是以保护自然资源环境为基础,以激励经济发展为条件,以提高人类生活质量为目标的发展战略,是一种新的发展观、道德观和文明观。在可持续发展中,人们的经济活动以及社会的发展不能超越资源和环境的承载能力,人与环境必须和谐相处,人类保护环境、爱护环境。只有保护环境,才能实现经济、社会的可持续发展。绿色发展战略是以效率、和谐、持续为目标的经济增长和社会发展方式。在现代社会发展过程中,绿色发展战略符合社会发展的要求,其出发点是保护环境,发展目标是实现经济、社会、环境的可持续发展。从而可以看出,绿色发展战略符合可持续发展的内在要求。在可持续发展道路中,保护资源、不断提高环境质量、减少污染是经济可持续发展的基础,而要促进经济的可持续发展,就必须做好环境保护工作,积极开展绿色发展战略。综上所述,加快绿色发展一方面可以强化人们的绿色意识;另一方面还可以优化资源配置,减少环境污染,规范经济行为,提高经济效益,实现经济的可持续发展。

二、实现可持续发展与绿色发展的策略

(一)树立绿色观念

绿色观念既是实现绿色发展的根本,同样也是实现可持续发展的内在。企业要想实现绿色发展,获得好的经济效益,就必须树立绿色发展观念,强化环保意识。在企业发展过程中要摒弃先污染、后治理的道路,树立绿色发展观念,走出一条经济与环境协调发展的新道路。在企业经营过程中,要使用绿色营销观念,将环境因素纳入企业的决策要素中,寻找绿色消费者,打造绿色营销市场。为了使绿色产品顺利送到消费者手中,

并且防止仿冒,民营企业要与消费者沟通并建立可靠、畅通的绿色分销渠道,选择有信誉的批发商、零售商,设立绿色专柜、绿色专卖店或绿色连锁店,开展生态商业销售活动。

(二)开发绿色产品

随着可持续发展战略的提出,人们已经认识到当前的环境形势,同时对绿色产品的需求也越来越大。绿色产品是绿色发展的重要内容,大力研发绿色产品既是可持续发展战略的内在要求,又是提高市场竞争力的有效手段。因此,在开发产品的过程中,要结合环境资源保护思想。在产品设计中既要考虑到经济效益,同时也要考虑到环境效益。要提高产品的使用效能,减少产品对环境的危害,加大产品的回收利用性,实现资源的循环利用。

(三)加强绿色管理

在现代社会发展过程中,环境问题的产生与管理工作有着直接的关联。在经济利益的驱使下,许多企业偏重于经济效益的创造,缺少对经济效益创造过程管理的重视,以至于在企业经济活动中对环境造成了破坏。在可持续发展理念下,保护环境、走绿色发展道路已成为社会发展的必然要求,但是要想实现绿色发展,绿色管理至关重要。绿色管理就是应用环境保护的思想观念开展管理工作。在企业发展过程中,企业要制定相关的管理制度,建立绿色操作规范体制,在生产过程中要按照规定穿戴衣帽,对那些不健康的行为进行严厉批评。同时,要加强绿色教育,强化绿色管理意识,对企业生产经营活动进行全面监督,确保企业生产经营活动全程绿色化。

(四)培养群众的绿色消费意识

在可持续发展道路中,环境保护离不开广大人民群众的参与。从某种角度上讲,群众绿色消费意识的高低直接影响着可持续发展的水平。因此,在坚持绿色发展道路中,要加强对广大人民群众的绿色教育,增强人民的绿色消费意识。相关部门要善于利用一切可以利用的手段,如网络、广播、电视等向广大消费者宣传可持续发展、绿色发展的重要性,倡导广大消费者走绿色发展道路。大力倡导绿色消费,呼吁公民关注绿色消费,增强广大消费者的环境保护意识和绿色消费意识。作为消费者,在购买产品的时候应当优先选用绿色产品,抵制那些不健康的、非绿色的产品。营造出一个环保、健康、绿色的消费环境,使那些非绿色产品失去生存的空间。

参考文献

[1]韩永全,杨琳,乔新蓉.经济结构发展与经济法新趋势探索[M].长春:吉林人民出版社,2019.

[2]王娟,李巧玲,杨倩.经济结构发展与实践研究[M].北京:中国商务出版社,2023.

[3]高小明.农村人口转型与二元经济结构演化[M].北京:中国金融出版社,2023.

[4]李智娟,蒋银娟,许晨.中国经济结构转型及发展方略研究[M].北京:中国社会科学出版社,2023.

[5]张瑀.中国经济结构性改革研究[M].长春:吉林大学出版社,2023.

[6]刘丰.人口结构变动的经济增长效应分析[M].北京:中国社会科学出版社,2023.

[7]艾磊华.数字经济发展对居民消费结构升级的影响研究[M].长春:吉林出版集团股份有限公司,2022.

[8]李书杰,潘启东,吴家真.经济结构发展与实践探究[M].成都:西南财经大学出版社,2022.

[9]刘渝琳,倪念念,陈翊旻.金融发展与经济结构均衡增长[M].北京:中国社会科学出版社,2022.

[10]刘渝琳,倪念念.金融创新开放与经济结构均衡发展[M].北京:中国社会科学出版社,2022.

[11]邹圆.中国产业结构变迁对经济增长质量影响研究[M].成都:西南财经大学出版社,2022.

[12]葛晓云,徐雪辉,牛继胜.现代经济结构发展理论与实践[M].北京:现代出版社,2022.

[13]彭小平,肖坚,康红叶.新时代中国人口结构与经济社会协调发展

[M].北京:经济日报出版社,2021.

[14]周克.产业结构转型与经济增长[M].北京:经济科学出版社,2021.

[15]周荣荣.供给侧结构性改革视阈下中国经济增长新旧动能转换研究[M].北京:中国统计出版社,2021.

[16]韩永辉.基于经济高质量发展的产业结构升级研究[M].北京:人民出版社,2021.

[17]张学刚,郭启光,王薇.新常态下我国经济结构转型升级的战略选择[M].北京:经济科学出版社,2021.

[18]周福全,韩亚男.经济高质量发展下的产业结构问题研究[M].北京:企业管理出版社,2021.

[19]高考.新结构经济学视野下的经济增长质量研究[M].北京:中国商业出版社,2020.

[20]邹静娴.开放经济下的结构转型与增长[M].北京:中国人民大学出版社,2020.

[21]李伟.新发展理念与强国经济发展理论创新[M].上海:上海人民出版社,2022.

[22]胡勇,才英姿,朱晓燕.经济发展理论研究与实践[M].北京:现代出版社,2022.

[23]杨继.经济理论视角下的区块链作用机理与发展逻辑研究[M].上海:上海社会科学院出版社,2022.

[24]马德坤.新时代经济社会发展理论与实践研究[M].济南:山东人民出版社,2022.

[25]戴伟,江齐明.数字经济驱动传统产业高质量发展 理论、机理与路径[M].北京:中国社会科学出版社,2022.

[26]周小亮.供给侧结构性改革驱动经济发展新动力的理论与路径研究[M].北京:经济科学出版社,2022.

[27]张莉.数字经济重塑中国经济结构[J].今日中国,2022(6):16－18.

[28]朱森.区域经济结构[J].新商务周刊,2019(2):6.